주안교회의 역동적인 5가지 모습 –

탁월한 교회

주안교회의 역동적인 5가지 모습-

탁월한 교회

탁신철 지음

1쇄 인쇄 | 2010. 3. 20
1쇄 발행 | 2010. 3. 30

발행처 | 베다니출판사
발행인 | 오생현
등록번호 | 제 3-413호
등록일자 | 1992.5.6

서울시 송파구 문정동 78-19번지 4층(우편번호 138-200)
전화 448-9884~5 • 팩스 6442-9884
Email | bethanyp@hanmail.net
http://www.bethany.co.kr

값 8,000원

ISBN 978-89-5958-080-4 03230

주안교회의 역동적인 5가지 모습-

탁월한 교회

탁신철 지음

김삼환 · 감경철 추천

베다니출판사

추천사

많은 이들이 한국 교회의 위기를 말합니다. 교회의 성장을 비판하면서 한편으로는 교회 성장이 정체되고 있음을 지적합니다. 교회는 성장해야 합니다. 그것이 교회의 사명입니다. 교회의 성장을 통해 하나님 나라가 확장 될 뿐만 아니라 세상을 섬기고 품을 수 있습니다.

주안장로교회는 탁월한 전도를 통해 탁월한 성장을 이룩한 교회입니다. 주안장로교회의 탁월한 전도의 이면에는 나겸일 목사님과 성도들의 탁월한 기도의 힘이 있었습니다. 역동적인 기도와 전도를 통해 성장한 주안장로교회의 부흥에 관한 이야기는 오늘날 한국교회 뿐만 아니라 세계교회가 배워야 할 것입니다.

이 책에서 소개하고 있는 주안장로교회의 부흥의 핵심은 다섯 가지 종류의 교회를 지향하고 있습니다. 다섯 가지 이 핵심을 통하여 하나님께서 주안장로교회에 놀라운 부흥을 허락하신 비밀을 알 수 있을 것입니다.

이 책을 읽는 모든 성도들이 교회의 사명에 대해 다시금 깨닫고 주님께서 주안장로교회를 통해 허락하신 풍성한 은혜와 축복이 이 책을 읽는 모든 분들 위에 함께 하시기를 기도하며 이 책을 적극 추천합니다.

김삼환 목사

대한예수교장로회 총회(통합) 직전총회장, 전 한국기독교교회협의회 회장(NCCK), 현 명성교회 담임목사

바닷물은 끊임없이 순환합니다. 움직입니다 그래서 썩지 않습니다. 제 몫을 다합니다. 교회도 역동적인 교회가 사명을 다합니다. '탁월한 교회'를 통하여 주안장로교회의 역동적인 부흥 이야기에 귀를 기울여야 할 이유가 여기에 있습니다.

이 책은 주안장로교회의 기도와 열성이 어떻게 지역사회, 민족과 세계를 섬기며 나아가는지 잘 말해주고 있습니다. 한국교회와 성도들이 이 책을 통하여 은혜가 힘 있게 넘쳐나길 소망하며 추천합니다.

감경철 장로

CTS 기독교TV 사장

차례

들어가는 글

교회에 대하여 할 말이 없다

교회는 무엇일까?

교회는 집이다. 나에게는 집이다. 사춘기 때 잘 집이 없었다. 교회가 숙박터였다. 30평 지하 교회가 침실이었다. 남들은 만민이 기도하는 집이라고 했는데, 나에게는 잘 집이었다. 자다가 소리가 나면 새벽 예배였다. 덮고 잔 이불이 방석이 되었다. 비몽사몽간 예배 후에 또 잤다. 학교 갈 때쯤 일어났다. 자주 아침밥을 못 먹었다.

교회는 아픔이다. 중고등부 때는 암울했다. 항상 배가 고팠다. 머리가 무거웠다. 갈 곳 없어 머문 교회가 때로는 감옥 같았다. 교회를 생각하면 '암담함', '암울', '답답함' 같은 개념이 떠오른다. 나의 이러한 개념과 기억을 가지고 교회를 묘사하면 교회는 왜곡된다. 그래서 할 말이 없었다.

교회는 미래이기도 하나. 처음으로 목사가 되겠다고 서원한 곳이 거기였다. 성경을 밤새워 읽어 본 곳도 교회였다. 눈물 콧물로 범벅이 되어 주님을 외쳐본 곳도 바로 교회였다. 장래 목사라고 귀 닳도록 들어본 곳도 교회였다.

교회는 활동이다. 학생회 임원하고, 교회학교 반사(교사)하며 뛰어다녔다. 당회 빼고 모든 활동에 참여했다. 교회에서 놀이하는 것을 배우고 살아가는 것을 익히며 몸이 열개라도 모자랄 정도로 푹 빠져 살았다.

교회는 애인이다. 시간 뺏기고 마음 뺏기니 사랑했다. 아니다. 사랑하니 시간 뺏기고 마음 뺏겼다.

이렇게 형성된 개념은 일반적이지 않다. 지나칠 정도로 주관적이어서 누군가에게 공감을 얻어내기가 어렵다. 이해받기가 어려웠다.

그래서 교회에 대하여 할 말이 없다. 나에게 있어서 교회란 느낌이요, 감정이요, 사랑이다. 무슨 말이 더 필요하겠는가! 묘한 감정이 교차되어 표현하기도 어렵지만 표현하면 왜곡되기 십상이다.

| 교회에 대하여 할 말이 있다

그러나 주안장로교회에 와서 할 말이 생겼다. 엄청난 번식력에 혀를 내둘렀다. 주님의 교회의 역동성을 체험했다. 200여 명에서 9만여

명으로 성장했다. 기적이다. 짧은 30년 동안 그렇게 자랐다. 따라서 이 교회에 있었다는 사실만으로도 충분히 할 말이 많다.

주안장로교회! 나는 이 교회에서 교육 전도사를 했고 전임 전도사를 했다. 결혼도 나겸일 담임목사님 주례로 했다. 그리고 부목사로 섬기고 있다. 10년의 세월이다.

주안장로교회는 전도로 유명하다. 그러나 단지 '전도'로만 주안교회를 이해하면 모자란다. 모자라도 한참이나 모자란다.

그러면 주안교회를 대표할 키워드는 무엇일까?

역동성이다. 힘차고 활발하다. 처음 교육 전도사로 부임해서 첫 예배를 드릴 때였다. 교회의 독특한 분위기를 느꼈다. 주일학교 예배뿐 아니라, 장년예배를 아우르는 기류가 있었다. 성도들이 경쾌했다. 빠른 스타카토 식 움직임이었다.

이 역동성은 어디에서 출발했을까?

전도를 열심히 해서 이런 역동성이 생겼을까? 그렇지 않다. 오히려 역동성 때문에 전도했다고 믿는다. 이 역동성의 근원지는 의외로 단순했다. 기도였다.

나 목사님이 처음 주안교회에 부임해서 하신 일은 기도였다. 전도가 아니었다. 기도했더니 이러한 역동성이 생기기 시작했다. 기도하면 성령님께서 가슴을 달구신다. 흩어지면 모이고 싶고, 모이면 무언가 하고 싶은 것이 역동성이다. 무언가 하지 않으면 안 될 분위기이다. 여기에 자연스럽게 물꼬를 트면 사역이 된다. 역동적인 교회가 전도도 하고 사회봉사도 한다. 따라서 역동성이 제일이다.

주안장로교회가 가지고 있는 역동성은 이미 성경의 주제였다. 성경을 보라. 거기에는 하나님의 동선動線이 있다. 창세기로부터 요한계시록까지 하나님은 활동하신다. 끊임없이 움직이신다.

성경의 위인들은 어떠한가? 하나님의 활동에 부응해서 역시 열심히 움직인다. 역동적이다. 특히 창세기부터 신명기까지의 모세오경을 보라. 교회의 역동성이 고스란히 담겨있다.

주안장로교회는 그 역동성으로 성장하고 있었다. 그 역동성을 다음의 말로 이야기하고 싶다.

독수리 오형제

모세오경은 중요하다. 내가 어릴 때 '독수리 오형제' 라는 TV만화가 있었다. 인기가 제법 있었다. 학교에서 자주, 또 어제 본 내용을 이야기했고 오늘 볼 내용을 기대했다. 독수리 분장의 다섯 형제가 알렉터라는 악당과 싸우며 지구를 수호하는 내용이었다.

모세오경을 독수리 오형제와 비교하면 유치한가? 모세오경은 전체 성경을 사수한다. 모든 성경의 배경은 결국 모세오경이다.

여기에 보물 같은 동사들이 숨어있다.

창세기에서는 '만듦' 을,

출애굽기에서는 '나아감' 을,

레위기에서는 '가져옴' 을,

민수기에서는 '가져줌' 을,

신명기에서는 '바라봄' 을 찾는다.

대표 움직임이다.

하루살이 교회

하루살이는 무리를 지어 부산하게 움직인다.

그러나 그 움직임에도 목적이 있다. 암컷을 부르기 위함이다. 암컷이 오면 짝짓기를 하고 혼인 비행을 한다. 본능적으로 그런 움직임을 하는 것이다. 목숨 걸고 움직인다. 그래서 사람 얼굴에도 부딪히고 입 안으로 들어간다.

그런 의미에서 주안교회는 하루살이 교회이다. 쉴 틈 없이 움직인다. 행사도 많고 부흥회도 많다. 그래서 불평하는 교인을, 적지만 가끔 만난다.

그러나 하루살이 교회에는 꼭꼭 숨은 목적이 있다. '하나님께 영광' 이다. 그것 때문에 움직인다. 그 목적이 습관이고 본능이다.

인생은 하루 같다. 너무 짧다. 그래서 하루살이 교회는 부산하다. 나는 주안교회가 부산해서 좋다. 한 목적을 위하여 치닫는 모습이 위대하다.

| 개미허리

나는 속이 좁다. 그래서 많이 먹지 못한다. 문제는 심방 때마다 나오는 음식처리이다. 심방을 많이 할 때는 14가정도 된다. 처음 전임 전도사 시절에는 주시는 대로 먹었다. 그러다 보니 배가 아파 도저히 견딜 수가 없었다. 그래서 솔직히 고백했다. 많이 먹지 못한다고 말씀드렸다. 물만 주시라고 부탁드렸다. 노老 권사님들은 노怒할 수도 있는데 포용해 주셨다. 그래서 지금까지 날씬한 허리를 유지한다. 그래서 혹자는 개미허리 같다고 말한다. 남자로서 별로 기분은 안 좋다. 그래도 개미는 좋다. 교훈 때문이다.

이어령 교수의 "젊음의 탄생"이라는 책을 보니 개미의 어지러운 동선이 있다. 그런데 희한한 것은 그 동선 가운데 직선이 있다는 사실이다. 그 직선은 먹이를 찾은 후의 이동 경로이다. 즉 어지러운 동선은 먹이를 찾기 위해 부산하게 움직인 것이다. 그리고 먹이를 찾자마자 직선으로 자기 집으로 달려갔다는 의미이다. 이것이 보는 개미의 일정한 동선이다.

주안교회가 활동하는 동선이 어지러워 보인다. 그러나 자세히 보면 일정한 패턴이 있다. 모두 다섯 동선으로 압축된다. 결국 그 다섯 선도 한 선으로 결론짓는다. 그것들은 무엇인가?

다섯 동선은 예배, 사역, 교제, 양육 및 전도다. 그리고 마지막 한 동선은 역시 '하나님께 영광' 이다. 우리는 보이는 개미허리에 집중하지 말고, 보이지 않는 개미동선에 집중해야 한다!

| 이 책의 특징 – 주안교회의 다섯 가지 모습

이 책을 쓰면서 보니 누군가 책상에 "떡보의 하루"라는 자그마한 떡 상자를 놓아두었다. 열어보니까 희한하게 떡 다섯 덩어리다. 내 눈에는 다섯 개만 보인다.

이 책은 다섯 장으로 구성되었다.

주안교회의 모습을 다섯 가지로 나눈 것이다. 다섯 장에는 중심 '동사' 가 버물려져 있다. 주안교회의 역동성을 표현한다.

앞에서 이야기한 '만듦' , '나아감' , '가져옴' , '가져줌' , 그리고 '바라봄' 이다. 물론 이 동사들은 모세오경에서 각각 취했다.

이 책의 많은 부분은 주안장로교회 평신도들의 간증이 바탕이 되었다. 될 수 있으면 직접적으로 성도들을 나타내지 않으려고 했다. 혹 이름이 거론되는 경우에 대부분 가명으로 처리했다. 다른 교회에 다니거나 별세했을 때에만 본명을 썼다.

필자는 '주안 바이블 아카데미'에서 강의하고 있다. 봄과 가을 두 번, 평균 10주 과정으로 열리는 이 학교를 많은 성도들이 사랑한다. 이 책의 내용은 그 때 강의했던 내용을 정리하여 펴낸 이른바 '주안 교회론'이다. 이제 언급할 '오행五行'을 가지고 나아가면 승리한다는 '주안불패론'이 요지이다. 어찌 주안교회뿐이겠는가!

바라건대, 조국 교회의 모든 교회와 성도가 공히 불패신화를 가졌으면 좋겠다. 이 책에 소개된 다섯 교회를 소망하고 우리 모두가 움직이면 가능하다. 안 될 일이 없다.

가지런한 떡 조각처럼, 영의 식욕을 채웠으면 좋겠다.
그래서 열심히 움직이게 하는 동력이 되기를 소망한다.

제1장 즐거운 교회

사흘 되던 날에 갈릴리 가나에 혼인이 있어 예수의 어머니도 거기 계시고 예수와 그 제자들도 혼인에 청함을 받았더니 포도주가 모자란지라 예수의 어머니가 예수에게 이르되 저희에게 포도주가 없다 하니 예수께서 가라사대 여자여 나와 무슨 상관이 있나이까 내 때가 아직 이르지 못하였나이다
그 어머니가 하인들에게 이르되 너희에게 무슨 말씀을 하시든지 그대로 하라 하니라
거기 유대인의 결례를 따라 두 세 통 드는 돌항아리 여섯이 놓였는지라
예수께서 저희에게 이르시되 항아리에 물을 채우라 하신즉 아구까지 채우니 이제는 떠서 연회장에게 갖다 주라 하시매 갖다 주었더니(요 2:1~8).
연회장은 물로 된 포도주를 맛보고 어디서 났는지 알지 못하되 물 떠온 하인들은 알더라 연회장이 신랑을 불러 말하되 사람마다 먼저 좋은 포도주를 내고 취한 후에 낮은 것을 내거늘 그대는 지금까지 좋은 포도주를 두었도다 하니라
예수께서 이 처음 표적을 갈릴리 가나에서 행하여 그 영광을 나타내시매 제자들이 그를 믿으니라(요 2:9-11).

두 발 달린 교회

요한복음 2장에 '두 발 달린 교회'가 나온다. 여기저기 움식이는 전천후 교회이다. 예수님과 제자들의 공동체가 바로 그 교회였다.

처음으로 이 교회에 기적이 일어났다. 결혼예배를 드릴 때였다.

결혼예식이었으니 사람들로 가득 넘쳤다. 너무 많은 사람들이 왔기 때문일까? 음료가 동이 났다. 포도주가 떨어졌다.

그 때 예수님께서 물로 포도주를 만드셨다. 사람들은 그 포도주를 주목했다. 맛이 좋다고 한마디씩 했다.

그러나 예수님을 주목하지는 못했다. 포도주를 만든 분이 예수님이라는 것을 알지 못했다. 왜냐하면 예수님이 그것을 원치 않으셨기 때문이다. 누구도 예수님이 만들었다고 떠들지 않았다. 그냥 조용하게 "예수님표" 포도주가 돌려졌을 뿐이었다. 그리고 사람들은 떠들고 웃다가 그냥 돌아갔다.

그러나 예수님만 응시한 사람들이 있었다. 제자들이었다. 이들이야말로 이 혼인예식의 숨은 주인공이었다. 예수님이 신랑이고 이들이 신부였다. 예수님은 이들에게 '영원히 함께하신다' 는 기대감을 넣어 주셨다. 물이 포도주로 변한 것같이 이들의 체질이 변할 것이다. 곧 영원한 혼인잔치의 주인공이 될 것이다. 곧 될 것이다.

그래서 이 결혼예배로 뛸 듯이 기뻐한 사람들은 다름 아닌 제자들이었다. 그것을 요한 기자는 '제자들이 그를 믿더라' 고 함축적으로 말해준다. 이 표적으로 예수님을 비로소 믿게 되었다는 것이 아니다. 믿음이 더욱 튼튼해졌다는 의미다.

이미 제자들은 예수님을 하나님의 아들로 믿었다. 이 포도주 기적으로 믿음이 더 커진 것이다. 제자들의 마음은 믿음으로 가득했고 기쁨으로 넘쳤다.

즐거운 교회

이것이 즐거운 교회다. 신랑 되신 예수님이 계시고 신부된 성도가 있다.

나는 이 사실만으로도 교회는 기쁨과 즐거움으로 가득한 곳이라고 확신한다. 진심으로 사랑하는 신랑 신부에게는 어느 곳에 있든지 그곳이 가장 행복한 곳이다. 내 옆에 사랑하는 사람이 있기 때문이다. 이것이 교회가 즐거운 근본적인 이유이다.

또 한 가지 즐거운 이유가 있다. 바로 물이 포도주가 되는 기적이다. 교회는 기적의 장소이다. 안 믿던 남편이 나와 예수 믿고 구원을 얻는다. 부도로 자살하려던 사람이 새 삶을 찾는다.

장은혁 집사님이 그 케이스다. 그는 과거에 자살을 생각했다. 그토록 신경 썼던 사업이 부도가 났다. 벌써 두 번째다. 집에는 아내와 어린 두 딸이 있다. 아이들은 배가 고파 울고 있었다. 비가 오는데 지붕이 샌다. 당장 내일 먹을 양식도 없다.

울분에 집을 뛰쳐나왔다. 비는 부슬부슬 내리는데 자기신세가 처량했다. 소주 3병을 마셨다. 새벽 1시가 되었다. 공중전화로 달려갔다. 술김에 나겸일 담임목사님께 전화를 했다.

지금 고려 다방으로 오시지 않으면 자신은 죽겠노라고 엄포를 놓았다. 얼마 전에 주안교회에 등록했는데 목사님 얼굴이 떠올랐다는 것이다. 죽기 전에 신세나 한탄하고 죽을 마음이었다.

목사님은 놀라서 교회에서 10분 떨어져 있는 다방으로 허겁지겁 나가셨다. 당연히 절대로 죽으면 안 된다고 설득하셨다. 열심히 교회 다니면 어려움이 다 물러간다고 말씀하셨다.

장 집사님은 간절히 말씀하시는 담임목사님 때문에 마음을 잡았다. 자살하지 않았다. 부도로 어려웠지만 재기할 수 있다고 믿었다. 그렇게 열심히 교회에 다녔다.

그러나 사업상 술 담배는 끊을 수가 없었다.

어느 날 교회 앞을 지나다 담임목사님을 만났다.

목사님이 먼저 빙그레 웃으셨다. 집사님은 고개 숙여 인사했다. 몇 달 전 담임목사님의 권면이 너무 감사했기 때문이다.

그런데 갑자기 와이셔츠 주머니에 있던 담뱃갑이 뚝 떨어지는 것이 아닌가! 부끄러웠다. 어쩔 줄 몰랐다. 담임목사님이 얼른 그 담뱃갑을 주어주셨다.

“담배 피워도 괜찮아요. 열심히 교회만 오시면 됩니다. 담배는 나중에 저절로 끊어집니다.”

이렇게 웃으며 말씀하셨다.

목사님의 배려가 감사했고, 그 때문에 힘이 났다.

집사님은 더 열심히 교회생활을 하셨다. 예수님을 구주로 영접했다. 새가족 성경공부를 했고, 세례를 받았다. 안수집사가 되었다. 사업도 번창했다.

담임목사님을 뵈면 언제나 그 두 사건이 생각이 난다고 했다. 20년 전 일이다. 이 기적이 바로 물이 변하여 포도주가 된 사건이다.

눈 씻고 보면 교회 안에는 물 포도주가 가득하다. 세상 사람들은 몰라도 성도는 안다. 그것을 보는 것도 우리의 믿음을 더하게 하는 방법이다. 주님이 계시고, 주님의 기적이 있으니 교회는 즐겁다.

주안교회는 즐겁다

나는 원래부터 업Up된 사람이 아니다.

얼마 전에 초등학교 2학년 때 통지표를 우연히 봤다. 거기에 나에 대한 평가가 눈에 띄었다.

"소극적인 참여나 즐김"이라고 쓰여 있었다.

맞는 말이다. 그 때 내 담임선생님은 귀신같았다. 어떻게 나에 대하여 그렇게 잘 알고 있었을까! 나는 적극적인 사람이 아니었다. 소극적이고 내성적이었다.

그러나 주안장로교회에 와서 확 달라졌다. 적극적이고 외향적으로 변했다.

왜 이렇게 되었을까? 교회 탓이다. 주안교회는, 내게는 너무 즐겁다. 나뿐만이 아니라 성도들도 그렇게 말한다.

주안교회는 즐겁다. 십년이면 강산도 변한다고 했는데, 십년 즐거운 교회생활이 나를 변하게 했다. 교회는 무엇보다 즐거워야 한다.

창세기를 보면 이 즐거운 교회가 종종 눈길을 끈다.

에덴동산이 즐거운 교회였다. 나는 지상의 처음 교회가 에덴동산이었다고 믿는다. 왜 그런가? 하나님을 섬기는 성도의 공동체가 교회라면 에덴동산만큼 확실한 교회는 없었다. 아담과 하와만큼 하나님과 그렇게 직접 교제하며 섬긴 사람이 있었는가? 없었다.

그렇다면 에덴동산은 가장 훌륭한 교회였다. 그곳이 바로 즐거운 교회의 원형이었다. 그러나 이 첫 교회는 오래지 않아 간판을 내려야 했다. 자물쇠를 굳게 잠가야 했다. 아담과 하와의 욕심 때문이다. 선악과를 따 먹어 하나님처럼 되기를 원했기 때문이었다.

| 즐거운 교회 만들기

하나님은 이 에덴 교회가 복원되기를 원하셨다. 그래서 사람들을 뽑으셨다. 그들이 노아, 아브라함, 이삭, 야곱, 요셉 등이다. 모두 즐거운 교회를 짓는 건축자들이다. 그들은 하나님이 만드셨던 교회를 다시 만들 사명자들이었다. 그들은 즐거운 교회의 다섯 기둥을 만들었다.

이 다섯 사람을 통해 다섯 기둥을 살펴 볼 것이다.

- 노아를 통해서 동행을,
- 아브라함을 통해서는 순종을,
- 이삭을 통해서는 화평을,
- 야곱을 통해서는 은혜를,

◆ 마지막 요셉을 통해서는 명성을 조명할 것이다.

주안교회는 동행, 순종, 화평, 은혜 그리고 명성이 있다.

그것들 때문에 행복한 교회이다. 즐거운 교회이다.

'만들다' 라는 동사를 먼저 살펴보는 것이 제일 먼저 해야 할 일이다. 이것은 움직임의 결과로 만들어지는 것을 의미한다. 즉 땀을 흘린 노동의 대가이다.

하나님은 태초에 하늘과 땅을 만드셨다.

그럼, 하나님께서 땀 흘리시면서 천지를 창조하신 것인가? 물론 사람처럼 땀을 흘리신 것은 아니다. 그것은 하나님께서 세상을 만드셨을 때 심혈을 기울이셨다는 의미다. 창세기 1장 2절에 보면 "하나님은 수면에 운행" 하셨다. 열심히 움직이셨다는 것이다.

쉬운 성경이나 표준 새 번역 성경을 보면 그 뜻이 더 명확해진다.

"하나님의 영이 물 위에서 움직이고 계셨다"고 말한다.

하나님은 세상을 말씀으로 쉽게 만드실 수 있다. 전능하신 하나님이시니 당연하다. 그러나 하나님은 물 위에서 움직이고 계셨다.

이 단어가 의미하는 것은 무엇일까?

이 땅을 얼렁뚱땅, 주먹구구로 만드신 것이 아니라는 것이다.

"마음을 다하고 성품을 다하여" 만드셨다. 그래서 뛰어나니신 것이다.

따라서 창세기의 '만들다' 는 단어는 노동과 땀의 동사다. 이 세상에 어떤 것도 그냥 되는 것은 없다. 다 수고와 희생이 있다. 베짱이처럼 뒷짐 지면 절대로 안 된다.

하나님께서 그렇게 하셨듯이, 즐거운 교회는 수고하고 애쓸 때만 만들어질 수 있다. 눈물로 완성된다.

따라서 '동행'을 만드는 것이다.

순종을 만드는 것이다.

화평도 만드는 것이다.

은혜도 만드는 것이다.

그리고 명성도 만드는 것이다.

이것들을 눈물로, 수고로, 땀방울로 만든다.

분명히 주안교회는 수고로 만들어진 교회다. 땀방울의 교회다. 눈물의 교회다. 수많은 성도들이 만든 즐거운 교회다.

그럼, 이제부터 다섯 건축자의 즐거운 수고에 귀 기울이자. 그 수고로부터 주안교회의 흥겨운 노고도 살펴보자.

먼저 노아를 통해 하나님과 "동행"하는 주안교회를 소개한다.

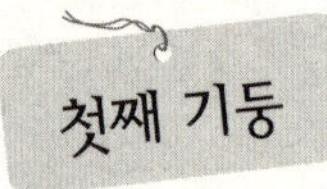

노아, 동행해야 즐겁다!

노아는 하나님과 동행했다. 동행은 길을 같이 가는 것이다. 즉 길동무가 있음을 의미한다. 여행을 좋아하는 사람은 길동무의 중요성을 잘 안다.

나는 여행을 좋아하지는 않지만 외국인 선교국을 담당하고 있기 때문에 자주 팀을 구성해서 해외에 나간다. 주요 사역이 해외 심방이기 때문이다. 한국에 취업했다가 돌아간 외국인 형제 자매들을 심방하는 것이다.

나갈 때마다 큰 은혜를 받는다. 그러나 어떤 팀원으로 구성되었는가에 따라서 은혜는 있지만 무척 힘든 여행이 되기도 하고, 은혜도 있고 수월한 여행이 되기도 한다. 마음에 맞는 길동무로 이루어지면 얼마나 사역이 재미있고 유익한지 모른다.

흔히 여행은 자유를 위해 떠난다. 그러나 막상 떠나보면 그렇게 자유롭지 않다.

지난 번에 나겸일 담임목사님과 브라질 마나우스에 간 적이 있다. 그곳 현지인들을 위한 부흥회를 인도하기 위해서다. 거기서 벌에 쏘였다. 그래서 더 많이 생각이 난다. 브라질은 지구 반대편이다. 먼 곳이라 직행이 없었다. 파나마에서 하루 쉬고 다음 날 가야 했다. 새벽 5시 비행기였다. 약속된 비행기 시간보다 2시간 전에 도착해야 했다. 그래야 짐을 먼저 부칠 수 있기 때문이다. 그래서 새벽 1시부터 일어나 짐 싸고 출발했다. 잠을 거의 잘 수가 없었다. 그것이 여행이다. 그렇게 시간에 구속된다.

먹는 것에도 구속된다. 밥이 먹고 싶어도 빵밖에 없다면 빵만 먹어야 한다. 미국 동부 지역을 여행할 때는 삼일 동안 빵만 먹었다. 밥이 없었기 때문이다.

내가 좋아하는 여행가 중 한비야 씨가 있다. 이 분이 아프리카의 한 지역을 탐방할 때 풍토병 때문에 무척 아팠다. 2주 동안 꼼짝할 수 없었다. 겨우 한국 대사관에 연락해서 자기가 병중이니 라면 한 봉지만 얻게 해 달라고 부탁했다.

며칠 걸려 대사관에 갔다. 그곳에 가니 교포들이 10명 정도 기다리고 있었다. 밥도 해 주고 라면도 끓여주었다. 한국 음식을 먹었더니 거짓말처럼 아픈 것이 싹 나았다. 그래서 이 사건 이후 밥은 보약이라 말한다. 일리 있다. 그분의 경험처럼 여행 때 골라 먹는 자유는 없다.

사람에게도 구속된다. 동행한 길동무를 챙겨야 한다. 내 맘대로 하면 마음이 갈라지고 힘든 여행이 된다. 내가 아는 어떤 신혼부부는 신혼여행 가서 많이 싸웠다. 그리고 돌아와서 바로 이혼했다. 배려하지 못했기 때문이다.

여행은 자유가 아니다. 불편하기 때문에 교훈도 얻고, 유익하다. 고생을 많이 한 여행이 기억에 남는다. 왜 자녀들을 비싼 돈 주고 해외여행을 보내는가? 그렇게 시간에도 쫓기고 낯선 음식도 먹어보고 길동무도 챙겨 보라고 보낸다. 그 고생을 통해 배우기 때문이다.

여행은 장소나 광경에 집중한다고 생각한다. 그러나 사람에게 집중하면 더 맛이 있다. 때로는 낯선 사람들에게 집중할 수 있어야 한다. 그리고 나와 동행하고 있는 길동무에게 집중해야 한다. 그래야 즐거운 여행이 된다.

나는 담임목사님과 함께 한 브라질 여행이 재미있었다. 왜냐하면 목사님께 집중했기 때문이다. 목사님이 잡수시고 싶은 것을 드시면 나도 맛있고 즐거웠다. 그냥 목사님 옆에 있는 것만으로도 감사하고 행복했다.

나는 아마존 구경보다 담임목사님 구경(?)이 더 귀했다. 한 시대에 위대하게 쓰임 받는 목사님이시다. 성령의 역사가 매 집회 때마다 나타나는 목사님이시다. 무엇보다 섬기는 교회의 담임목사님이시다. 그 목사님의 영력과 겸손을 배우기 위해 목사님 구경이 귀한 것이다. 비행기 시간에 쫓겨도, 먹고 싶은 것을 못 먹어도, 여행 중 벌에 물려도 행복했다.

노아가 하나님과 동행했다는 것은 무엇을 의미하는가?
길동무인 하나님께 집중했다는 것이다.
주안교회도 똑같다.
길동무인 하나님께 집중한다. 다른 생각 안 한다.

주안교회는 예배는 길고 당회는 짧다.
제자훈련은 많고 제직훈방은 없다.
전도자는 많고 싸우는 자는 없다.
기도회는 많고 야유회는 없다.

모두 주님께 집중한 결과다.

사람 모임이 적어서 즐겁다는 것이다. 역설적인가?

교회는 친교의 장소가 아니다. 예배의 장소다. 하나님 만나는 장소다. 하나님께 집중하면 사람끼리의 친교가 적어도 괜찮다. 하나님을 통해서 사람을 품게 돼 있다. 사랑하게 돼 있다. 그러면 된다. 즐거운 교회가 된다.

친교 좋아하는 교회치고 즐거운 교회 못 보았다.

미국 한인교회를 섬긴 적이 있었다. 그 교회들은 친교를 우선으로 생각할 수밖에 없다. 한국인끼리 모일 수 있는 장소가 교회 밖에 없기 때문이다. 주 5일은 백인들과 흑인들을 만난다. 황색이 그립다. 잉글리쉬(영어)와 스페니쉬(스페인어)만 듣는다. 한국말이 그립다.

그래서 교회를 그리워한다. 교회를 좋아한다. 교회에 오면 모든 것이 다 해결된다. 한국말로 우리 민족만 모여 예배드리고 식사한다. 교제한다. 친교 없으면 한인교회답지 않은 것이다.

그런데 싸움이 많다. 분란이 많다. 분쟁이 끊이지 않는다.

왜 그런가? 친교 때문이다. 친교 때문에 친교가 안 된다. 하나님께 집중하지 않았기 때문이다. 하나님과 친교하면 사람 친교는 자연히 된다.

그런데 사람 친교하고 하나님 친교 하려면 안 된다. 이것이 하나님께 집중해야 될 이유다.

인생이라는 여행길에는 유혹거리가 많다. 멋진 풍경이 많다.

그래도 노아는 하나님께 집중했다. 그분을 배려했다. 그것이 참된 동행이다. 그래서 인생길이 즐거웠다. 행복했다.

주안교회는 철저히 주님께 집중한다. 그래서 교회가 즐겁다. 평안하다. 행복하다.

그렇다면 주안교회는 어떻게 하나님께 집중했는가?

운전대를 놓다

첫째로, 주안교회는 운전대를 하나님께 내어드렸다.

주안교회는 운전대를 아주 놓아버렸다. 하나님이 붙잡으시도록 그렇게 내어드렸다.

동행의 기본은 배려다. 하나님과 동행하는 교회는 무엇을 배려해야 하는가? 하나님께 운전대를 이양하는 일이다. 운전대를 넘겨 드리는 일이다.

노아도 이 점에서 다르지 않았다. 노아도 운전대를 놓아버렸다. 이것이 아담과 다른 점이다. 아담은 하나님과 동행하면서 자기가 운전대를 꼭 잡고 있었다. 결정적일 때 자기 마음대로 했다. 선악을 알게 하는 나무의 실과도 자기 마음대로 따먹었다.

하나님과의 동행은 이것이 필수인데, 쉽지 않다. 그래서 그 많은 성경 인물 가운데 하나님과 동행했다는 사람은 많지 않았다. 하나님과 동행했다고 성경에 기록된 이는 고작 에녹과 노아뿐이었다.

우리가 운전대를 잡으면 불행하다. 즐겁지 않다.

처음에 운전대를 놓으면 불안하다. 그러나 불안해도 운전대를 놓아야 한다. 그래야 주님이 붙잡아 주시기 때문이다.

주님이 운전하시는 노아의 인생이 행복했다.

주님이 운전하시는 주안교회는 얼마나 즐거운가!

주안교회는 1948년 2월에 개척예배를 드렸다.

그로부터 30년이 지난 후 나겸일 목사님이 부임하신 것이다. 나 목사님이 오시면서 먼저 하신 것은 교회의 운전대를 완전히 놓는 것이었다. 이미 주안교회 장로님들이나 집사님은 여러 가지 환난을 통해서 교회의 운전대를 슬며시 놓을 수밖에 없었다.

1965년 화재로 신축된 교회가 불타 버렸다. 간신히 12평 교회를 다시 건축했다. 1969년 예배당을 신축하고 1977년에는 교육관을 신축할 정도가 되었을 때 또 어려움이 왔다. 오랜 정체기가 온 것이다. 주변 교회들은 다 부흥하는데 주안교회만 침체되었다.

그러던 중 갑자기 담임목사님마저 사임했다. 다른 교회로 가버렸다. 6개월 동안이나 담임목사 자리는 공석이었다.

그 일련의 어려움 가운데 성도들이 해결할 방도는 없었다. 무릎 꿇고 기도하는 것 밖에 없었다.

그 때 나겸일 목사님이 부임하신 것이다. 1978년 10월이었다.

나 목사님은 예나 지금이나 부족하다고 고백하신다. 그냥 그렇게 말하는 것이 아니라 절실히 그렇게 느끼신다. 부임 설교할 때도 진정제를 드셨다. 첫 새벽예배 설교가 두려워서 철야를 하셨다. 그런 일들이 영향을 주셨나보다.

사실 주안교회에도 오시려고 오신 것이 아니다. 소록도 교회와 농촌 교회를 가고 싶었는데 거절당했다. 인천 변두리의 작은 교회로 알고 왔는데 그렇지 않았다. 이미 200명이나 모인 도시 교회였다. 겁이 나서 칠보산으로 올라가셨다. 이삿짐을 풀기도 전에 산으로 가셨다. 침체된 교회의 200명도 곧 떠날 것 같은 불안감 때문이었다.

목사님은 기도했다. 금식했다. 그래서 교회의 운전대를 쉽게 놓을 수 있었다. 자신의 부족함을 철저히 느끼는 자는 하늘을 볼 수밖에 없다. 주안교회의 성도들은 고난을 통해서 운전대를 놓아버렸다.

부임한 목사님이 그 운전대를 굳게 잡았으면 어떻게 됐을까? 생각만 해도 씁쓸하다. 그러나 나겸일 목사님은 운전대를 놓아 버렸다. 아예 두 손을 하늘로 쭉 올렸다. 이렇게 교회의 운전대는 완전히 하나님께 이양되었다.

그때 이후부터 목사님은 강단을 지켰다. 기도했고, 철야했다. 그럴 수밖에 없었다. 하나님이 운전대를 잡으셨는데 그 뜻을 물어보아야 했다.

10명 모이던 새벽 기도회가 30명, 40명으로 늘었다. 그러다가 자연스럽게 40일 특별 새벽 기도회와 연결이 되었다. 선부후부한 기도부흥이 있었다. 기도 부대가 생겼다. 밤마다 철야했다. 새벽마다 병이 낫는 현상이 나타났다. 임신 때문에 기도했던 분들이 모두 아이를 가졌다. 열 네 명이나 되었다. 1, 2부 새벽 기도회를 하지 않으면 안 될 만큼 사람들로 북적였다. 운전대 한 번 놓았더니 하나님의 크신 은혜는 폭풍이 되었다. 주안교회를 완전히 휘감았다.

| 눈물 홍수를 견디다

두 번째, 주안교회는 눈물 홍수를 견디었다.

노아도 눈물 홍수의 사람이다. 그는 눈물 홍수로 진짜 홍수를 이겼다. 노아가 살던 시대는 악했다. 그냥 악한 것이 아니라 극악했다. 그래서 하나님의 심판을 받은 것이 아닌가!

그런데 노아는 이런 시대 속에 살면서 하나님께 인정을 받았다. 그 시대의 사람들과 다르게 살았다는 말이다. 가장 악한 시대에 가장 선하게 사는 것이 얼마나 힘들고 어려웠겠는가! 불을 보듯 뻔하다.

노아는 손해도 많이 보고 놀림도 많이 당했을 것이다. 피눈물이 났을 것이다. 이런 눈물의 홍수 때문에 진짜 홍수를 이길 수 있었다.

내가 제일 좋아하는 성구 중에 로마서 8장 18절이 있다.

"생각건대 현재의 고난은 장차 나타날 영광과 족히 비교할 수 없다."

현재의 고난은 있을 수 있다. 그것이 당연하다. 그러나 미래의 영광을 생각하면 현재의 고난은 아무것도 아니라는 것이다.

노아에게도 고난은 다 이유가 있었다. 하나님께서 운전대를 잡은 노아도 어려웠다. 그러나 견디었다. 그 노아의 눈물로 방주가 만들어졌다. 홍수를 이겼다. 즉 노아의 눈물이 홍수를 이긴 것이다. 교회 다니는 사람치고 눈물 홍수 시기가 없는 사람은 드물다.

주안교회도 교회적으로 눈물 홍수 시기가 여러 번 있었다.

나겸일 목사님 부임 전, 목회자 때문에 많이 울었다. 원래 오기로 했던 목사님의 부임이 취소되었다. 눈물의 기도를 뿌렸다. 결국 전화위복으로 나겸일 목사님이 오시게 되었다.

그 후에도 눈물 홍수가 있었다. 부흥하던 교회에 큰 기도 제목이 생겼다. 목사님이 급성 간암에 걸리셨기 때문이다. 삼일을 못 넘긴다고 했다. 교인들은 집에 돌아 갈 수가 없었다. 교회에 모여서 밤을 새며 눈물 홍수를 이루었다.

그 기도에 하나님께서 응답하셨다. 기적적으로 간암이 치유되었다. 어쩌면 전 교인의 눈물 홍수에 암 덩어리가 떠내려갔던 것이다.

주안교회는 이 눈물 홍수를 건넜다. 하나님은 즐거운 교회가 되기 전, 꼭 이런 홍수를 두신다. 성도 개인도 자신의 문제 때문에 눈물 홍수를 건너기도 한다.

김순화 집사님은 오랫동안 시어머니와 시댁 때문에 눈물을 흘렸다. 교회 출석을 심요하게 방해하는 시어머니였다. 절에 가지 않는다고 매 주마다 성화였다. 또 다섯 명이 넘는 시동생 뒤치다꺼리도 힘들었다. 한 달에 쌀 한 가마니 이상이 나갔다. 그러다 보니 건강도 좋지 않았다. 신경쇠약 증세가 있었다.

그러나 그런 어려움 속에서도 하나님을 붙잡았다.

좌절하지 않았다. 쓰러지지 않았다. 눈물 홍수를 견디어 냈다.

15년의 이 기간을 지내자, 모든 상황은 달라져 있었다. 시어머니는 예수님을 구주로 영접하고 집사가 되었다. 돌아가실 때에도 며느리 손을 꼭 잡고 감사하다고 했다. 시동생들도 모두 잘 되어 결혼했다. 신앙생활도 열심이다.

혹 당신은 지금 눈물을 흘리고 있는가?

그것은 즐거운 인생이 되기 위한 필수 과정이다. 이 눈물의 시련을 통해서 하나님의 형통이 있다. 그래서 시련은 위장된 축복이라고 하지 않는가! 눈물 홍수는 중요하다!

| 일을 축제로 만들다!

세 번째, 주안장로교회는 일을 축제로 만들었다.

노아도 일을 축제로 여기고 살았을까? 그렇다. 혹 노아가 극악한 시대로 인해 눈물만 흘리고 불행하게 살았다고 생각할 수도 있을 것이다.

한때 나도 그렇게 오해했다. 어릴 때 교회에서 받은 '성경만화' 에 노아 이야기가 있었다. 거기에 나오는 노아는 긴 수염이 나고 얼굴은

근엄했다. 주름도 가득했다. 한마디로 고집스럽게 꾹 참고 사는 그런 인물로 묘사되어 있었다. 그래서 노아는 힘들고 어렵게 생활했다고 각인되었나보다. 꽤 오랫동안 그렇게 생각했다.

그러나 절대 아니다. 주님과 동행하는 것인데, 얼마나 즐거웠겠는가!

아이는 부모와 함께 있는 것이 제일 좋다. 하늘 아버지와 길동무가 되었으니 노아는 가장 행복한 사람이었다. 따라서 방주 만드는 일도 축제였다. 일상의 모든 일이 기뻤을 것이다. 망치질하며 웃고 대패질하며 웃었을 것이다. 노가다를 노다지로 만들었다.

우리는 노가다를 하고 있는가? 아니면, 노다지를 캐고 있는가? 하나님께 집중했기 때문에 노아는 하나님과 동행했다. 운전대를 내어드렸다. 주변 사람들 때문에 당하는 고난을 대수롭지 않게 여겼다. 일을 축제로 여겼다. 그래서 끝까지 동행할 수 있었다.

출근할 때마다 교회에 울려 퍼지는 낮은 찬양 소리를 만나게 된다. 한 교회 직원이 청소하며 부르는 노래다. 아침 일찍인데도 흥얼거리신다. 그 소리가 즐겁다. 직장이 교회이건, 회사이건 이러한 찬양이 울리면 좋겠다. 맑고 상쾌한 일기는 찬송으로 예보된다. 일기예보는 TV에만 있는 것이 아니다. 아침마다 우리 마음에 일기예보가 들린다. 일이 축제가 되는 "청명"통보는 찬양이다. 언제나 찬양이 주변에 울려 퍼지는 축제의 현장을 소망한다.

주안장로교회의 모든 행사는 노동이 아니라 축제이다. 그냥 축제가 아니고 생명을 살리는 축제이다. 함께 그것을 즐기고 그 열매를 마음껏 나눈다.

일이 축제가 되는 교회! 가슴이 뛰고 흥분이 된다.

이토록 즐거운 교회는 노아의 모습을 갖는다.

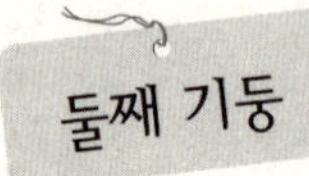

| 아브라함, 특이한 순종이 필요하다

아브라함을 통해서 주안교회의 "특이한 순종"을 말하고 싶다.

나는 아브라함을 그냥 믿음의 조상이라고 부르기를 주저한다. 특별한 사람이라고 부르기에도 부족하다.

특이한 사람이다. 특별한 것, 독특한 것과 이상한 것을 모두 포함해야 아브라함의 순종을 말할 수 있을 것 같다.

그가 보여준 순종이 보통 순종인가?

아브라함은 이 특이한 순종을 '만들었다.' 우리말 어법에는 안 맞지만 그렇게 표현해야 옳을 것 같다. 엄청나게 노력했다는 것이다.

아브라함의 순종이 특이하다는 것은 세 가지 이유 때문이다.

첫째, 상식이 없다.

둘째, 버릇이 없다.

셋째, 내 우선이 없다.

상식이 없다

첫째, 아브라함의 순종에는 상식이 없다.

먼저 자신에 대한 몰상식을 지적하고 싶다. 아브라함은 본토, 친척, 아비 집을 떠난다. 이것은 고대 사회에서 매우 위험한 행동이다.

당시 중동에는 고엘 제도라는 것이 있었다. 친족끼리 상부상조하는 제도이다. 기업 무를 자녀가 없으면 가장 가까운 친척이 자녀를 낳게 해줄 의무가 있다. 그래서 계대를 잇고, 그 집의 기업도 보존한다. 룻이 친척 보아스를 통해서 자녀를 가진 것도 이 때문이었다.

만일 타인에게 큰 손해를 입으면 친족이 똘똘 뭉쳐 기서 따질 수 있다. 상해를 입거나, 살인을 당하면 친척이 대신 원수를 갚을 수 있다. 그 유명한 도피성은 실수로 살인을 저질렀을 때, 친척들의 보복을 피해 도망가는 곳이다. 이런 전통이 있기에 본토, 친척, 아비 집은 무척 중요하다. 보호막이다. 이것이 상식이다.

그런데 아브라함은 그 곳을 떠났다. 얼마나 몰상식한가! 아브라함은 자신에게 몰상식했다. 또한 자식에게도 몰상식했다. 백세에 낳은 외아들을 모리아 산으로 끌고 간다. 죽이기 위해서다.

지금도 중동 지방은 자녀가 중요하다. 유대교인은 우리처럼 전도하지 않는다. 그런데도 유대교는 번성한다. 이유는 많은 자녀를 낳기 때문이다. 그들은 계대 전도를 지금도 고수한다. 자녀에게 철저히 전도한다. 따라서 대를 보존하는 것 외에 종교적으로도 아들은 중요하다. 이것이 상식이다.

그러나 아브라함은 외아들 이삭을 잡으려고 칼을 꺼냈다. 얼마나 몰상식한가! 그래서 특이한 순종이라는 것이다.

| 상식 없는 교회가 즐겁다

주안교회는 몰상식하다. 주안교회의 몰상식은 연초부터 시작된다. 연말 자정예배를 드리자마자 곧 금식이 선포된다. 3일 금식이다. 신정 연휴는 가족들에게 어떤 의미인가? 푹 쉬면서 좋은 것 먹는 때다. 영화도 보며 가족끼리 즐긴다. 구정연휴가 있기는 하지만 오랜만에 친구도 만나고 친척도 모인다.

그러나 주안교회는 바쁘다. 주안교회 성도들은 가족끼리 친교할 수 없다. 신정 연휴는 반납했다. 3일간 금식 성회다. 다 같이 굶는다. 가족끼리 굶는다. 상식 없는 행동이다.

우리나라는 시작이 중요하다. 연초에는 나쁜 일이나 좋지 않은 일은 금한다. 연초부터 굶으면 일 년 내내 굶을 것 같다. 그것이 상식이다.

우리 어머니는 연초에 다른 집에서 자는 것을 금하셨다. 그렇게 하지 않으면 한 해 내내 나가서 잔다고 했다. 연초마다 매번 그러셨다. 우리 집에만 그랬나? 다른 부모님도 그렇게 가르쳤다. 그래서 연초에 교회 밤샘모임을 못하게 했다.

마찬가지로 금식은 몰상식한 짓이다. 연초 금식은 우리네 정서상 조금 이상한 행태이다. 그런데 몰상식해서 즐겁다. 하나님과 한 해를 시작한다. 진지하게 계획한다. 많은 기적들이 이 때 일어난다. 육성이 죽고 영성이 살아난다. 그래서 즐겁다.

연중, 연말에도 몰상식하다.

부흥회가 많다. 다른 교회는 봄이나 가을에 한 번 있는 부흥회를 평균 일곱 번 한다. 주안교회에서는 그것을 "꼬꼬부"라 부른다. "꼬리에 꼬리를 무는 부흥회"란 뜻이다. 총동원 전도도 봄, 가을에 한다. 그냥 하는 것이 아니라 목숨 걸고 한다. 여기에 엄청난 시간을 투자한다. 완전 몰입한다. 녹초가 된다.

그래서 총동원 전도로 유명하다. 지금은 총동원 컨설팅도 한다. 일명 '타 교회부흥' 프로젝트다. 2009년에는 76개 교회를 컨설팅했다. 주안교회에서 하는 것과 똑같이 전도하게 한다. 전도대도 파송해 준다. 평균 20회 나간다.

이 모든 것이 사실은 몰상식한 짓이다. 누가 다른 교회에, 다른 교회 행사에 그렇게 사력을 다 하는가! 청년부도 인천 지역 8개 개척교회에 청년팀을 파송한다. 본 교회에 오는 대신 개척교회를 섬기는 것이다. 1, 2년을 그 교회에 다닌다. 100명 정도 보낸다. 모든 것이 몰상식한 일이다. 그런데 하나님은 그것을 사랑하신다.

성도가 성숙하면 내 것 챙기지 않는다. 교회도 성숙하면 내 것 챙기면 안 된다. 내 것에 대하여 몰상식해야 한다. 아브라함은 상식이 없다. 주안교회도 상식이 없다. 상식 없는 주님의 세상을 꿈꾼다.

| 버릇이 없다

두 번째로, 아브라함은 버릇이 없다.

하나님께 대해 그렇다. 하나님이 어떤 분이신가? 신실하신 하나님이시다.

그런데 아브라함은 하나님을 믿지 못했다. 그것도 여러 번 믿지 못했다.

자신의 상속자로 조카 롯을 생각했다.

그 다음엔 몸종인, 다메섹 사람 엘리에셀을 상속자로 낙점했다.

그리고 그 책임을 하나님께 떠넘기기도 했다.

아브람이 가로되 주 여호와여 무엇을 내게 주시려나이까 나는 무자하오니 나의 상속자는 이 다메섹 엘리에셀이니이다 아브람이 또 가로되 주께서 내게 씨를 아니주셨으니 내 집에서 길리운 자가 나의 후사가 될 것이니이다(창 15:2~3).

또 이스마엘을 상속자로 삼는다. 무례한 일이다.

얼마나 하나님 앞에 버릇없는가!

더 결정적인 것은, 하나님께서 아들을 낳을 것이라고 말씀하시자 피식 웃는다.

아브라함이 엎드리어 웃으며 심중에 이르되 백세된 사람이 어찌 자식

을 낳을까 사라는 구십세니 어찌 생산하리요 하고 아브라함이 이에 하나님께 고하되 이스마엘이나 하나님 앞에 살기를 원하나이다(창 17:17-18).

그러면서 이스마엘이나 상속자로 잘 살게 해달라고 부탁한다. 아내 사라만 비웃은 것이 아니라, 아브라함도 비웃었다. 얼마나 버릇없는 짓인가!

그런데도 하나님은 아브라함을 두둔하신다. 그리고 비웃음을 즐거운 웃음으로 바꾸신다. 이삭이란 이름이 그 뜻이다. 아브라함은 거짓말도 했지만, 하나님 앞에 뻔뻔했다. 그 죄 때문에 아담처럼 숨지 않았다.

주안교회는 어떤가? 뻔뻔한 에피소드가 많다.

매년 2회 총동원을 할 때 선물을 준다. 비교적 좋은 것을 준다. 그 선물을 10개 이상이나 받은 분들이 꽤 된다. 열네 번 받은 사람도 봤다. 그 얘기는 몇 년 동안 선물만 타고 교회에는 안 왔다는 것이다. 그래도 기존 성도들이 짜증내지 않는다. 싫어하지 않는다.

왜 그럴까? 자기들의 옛 모습이기 때문이다. 교회의 리더들도 그랬다는 것이다. 그런 뻔뻔함 때문에 주님 주변을 맴돌았다. 예수님을 찐하게 만났다.

사실 총동원 선물은 에교 수준이다. 하나님 앞에 너 버릇없는 성도들이 적지 않다. 죄 짓고 회개하고 쓰러지고 넘어진다. 만신창이로 주님을 찾는다. 그런 간증이 많다.

김태권 집사님은 조폭 출신이다. 어머니의 눈물 기도로 교회에 등록했다. 그러나 음주 운전, 무면허 운전 등으로 계속 교도소를 들락거렸다. 안수집사 임직식 전날에도 무면허 운전 때문에 보호소로 끌려가셨다. 교구장인 내 마음이 아팠다. 본인은 더 마음이 쓰렸다. 울면서 편지를 썼다. 다시는 그런 실수를 안 할 것이라고 했다.

하나님의 은혜로 사면을 받았다. 어머니 권사님의 끊임없는 눈물 기도 덕이었다. 정말 눈물로 기도하셨다. 우리 교구에서도 같이 기도하고 탄원서도 보냈었다. 출소한 그 다음 해에 안수집사님이 되셨다.

사실 그 집사님 고백을 들으면 많이 은혜를 받는다. 꼭 내 모습 같아서다. 목사인 나도 말을 안 해서 그렇지, 얼마나 하나님 마음을 아프게 하는지 모른다. 하나님이 품어 주시니까 버릇도 없다.

그러나 문득 문득 깨닫는다. 그래서 감사라고. 그래서 기쁘다고. 주안의 능력은 죄인에게서 나오는 것이 맞다.

| 내 우선이 없다

세 번째로, 아브라함은 언제나 하나님 우선이었다. 내 우선이 없었다.

나는 어릴 때 손이 굼떠서 옷 입을 때 종종 어려웠다. 첫 단추를 두 번째 구멍에 끼웠다. 지금도 가끔 그렇게 한다.

아브라함에게는 하나님이 언제나 첫 단추였고, 그 다음 단추가 자신이었다. 그래서 인생의 옷은 정갈했고 즐거웠다.

물론 아브라함의 이런 행동은 하나님 덕이다. 하나님께서 버릇이 없어도 참아 주셨기 때문이다. 오랜 기간 하나님과 사귀며 하나님 우선주의는 점점 자리를 잡아 갔다.

경건한 믿음의 조상은 하루아침에 된 것이 아니다.

하나님 우선주의는 무엇인가?

'하나님을 잘 믿어야지!' 하는 결심 따위가 아니다.

진짜로 그 생각이 움직이게 하는 것이다.

하나님을 잘 믿기 위해 교회 옆으로 이사 가는 것이다.

집 값 따라 옮기는 것이 아니라 교회 따라 옮기는 것이다.

주일 성수가 방해되면 회사를 옮기는 것이다. 봉급이 적어도 그렇게 하는 것이다.

그것이 하나님 우선주의다. 행동의 기준, 움직임의 원칙이 '하나님' 이라는 것이다.

아브라함은 그것이 되었다. 아들 이삭을 결혼시킬 때 이방여인을 거부했다. 먼 고향 아브라함의 족속 여인을 며느리로 선택했다. 그가 리브가이다(창 24:1~4).

그렇게 하였던 이유가 무엇인가?

하나님을 잘 믿기 위해서다. 아들과 사부의 신앙 성장을 고려한 것이다. 동족은 같은 문화를 가졌다. 그래서 아브라함이 교육하기에 적절하다. 이방 민족은 신앙 전수에 그만큼 힘들고 잘 되지도 않는다. 순수한 신앙 전수를 위해서 그렇게 했다고 믿는다. 이것이 하나님 우선주의다.

주안교회도 이 하나님 우선주의가 대세다.

부평 성전이 건축될 때 주변 주민들이 데모를 했다. 교회가 들어오면 집값 떨어진다는 것이다. 힘들고 어려운 과정이 있었다.

교회 건축이 완성되자 주민들의 걱정은 기우였다. 오히려 교회 주변 아파트 값이 올라갔다. 주안교회 교인들이 앞 다투어 교회 주변으로 이사 왔기 때문이다. 그 부분에서 교회에 대한 반감은 해결되었다.

이것이 하나님 우선주의다. 하나님 때문에 손해 볼 것을 각오한다. 그런 사람들이 주안교회에 참 많다.

그 중에 한 분이 이강주 집사님이다.

이 분은 8시간 운전해서 교회에 온다. 우리 교회에서 가장 먼 거리를 운전하고 오신다. 이 분의 직업이 운전사다. 비행기를 운전하신다.

이 분은 육군 장교 출신이다. 그런데 부드럽다. 그래서 그 분이 직업 군인이었는지 절대 알 수 없다. 다만 예배 때 정한 자리에 앉는다는 것, 곧추 앉아서 상방 15도 위를 본다는 것 정도가 군 생활의 흔적이다.

이 분은 신앙도 곧은 분이다. 군대에서 진급 문제 때문에 뇌물을 주고받은 적이 없다. 그냥 순리에 맡겼다. 하나님께 기도했다. 꼭 주일 성수를 고집했다. 매사에 하나님이 우선이었다.

그랬더니 하나님이 앞길을 책임져 주셨다. 육군인데 비행기 조종사가 된 것이다. 공군에서도 일반 간부가 비행기 조종사가 된다는 것은 어렵다. 하물며 육군에서는 더욱 그렇다! 나는 그런 기회가 육군에게 있다는 것도 몰랐다. 철저하게 자기 이권을 내려놓고 희생을 각오했다. 하나님 우선주의를 고집했다. 그랬더니 이러한 기적적인 일이 벌어진 것이다.

지금도 주일 날, 장거리 비행에서 돌아오면 곧장 교회로 향하신다. 밤을 새서 운항하고 왔는데도 예배에 흐트러짐이 없다. 그런 모습을 자주 본다. 참 존경스럽다. 그분과 같은 성도들을 통해서, 하나님 우선주의가 교회 안에 여기 저기 꽃을 핀다.

아브라함은 특이한 순종 때문에 믿음의 조상이 되었다.

특이한 순종이 무엇인가?

자기 자신에 대하여 철저히 몰상식한 것이다. 남에 대하여는 끝없이 관대하지만 나의 이권에 대하여 눈을 감는 것을 말한다.

주안교회는 이 특이한 순종으로 전진해왔다.

앞으로도 그 모습을 잃지 않았으면 좋겠다.

하나님은 지금도 이 순종에 목말라하신다.

그런 교회와 성도를 찾으신다.

모든 교회가 그렇게 되기를 소원한다.

아브라함은 어떤 환경에서도 주님을 붙잡았다. 혹 죄책감으로 하나님과 등질 수도 있는데 그렇게 했다.

우리도 마찬가지다. 죄를 지어도 뻔뻔하게 주님 앞에 엎드려야 한다. 죄책감 때문에 교회를 떠나서는 안 된다. 눈물 흘리며 용서를 구하면 된다. 절대로 우리를 내치지 않으신다.

하나님 앞에서는 가끔 버릇이 없어야 한다. 그래서 주안교회의 예배는 뜨겁다. 죄인의 눈물이 가득하기 때문이다. 예배는 감격이다. 하나님 용서가 있기 때문이다.

그런 하나님 주변을 뱅뱅 돌며 그분을 최우선으로 생각할 때, 내 우선이 없다. 내 교회 우선이 없다. 특이한 순종이 있는 주안교회가 정말로 즐겁다.

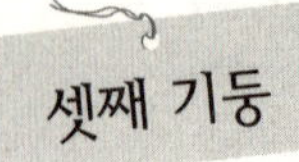

이삭, 조연 인생의 즐거운 교훈

주안교회는 조연만 가득하다.

무슨 말인가? 별로 나서는 사람이 없다는 것이다. 모두 뒤에서 돕는 일을 고집한다. 주연처럼 앞에 나서려고 하지 않는다. 담임목사님부터 뒤로 물러나신다.

이제, 이삭을 통하여 이런 주안교회의 조연 문화를 살펴보도록 하자.

조연 인생, 조연 교회의 즐거움이 크다.

이삭은 십대 때, 기가 막힌 경험을 했다. 팔십대 할아버지도 그런 경험은 없다. 목에 칼이 들어갈 뻔했다. 산 채로 불에 태워질 뻔했다. 그것도 친아버지에게 그렇게 될 뻔했다. 얼마나 끔찍한 기억이겠는가!

그러나 이삭은 그 일을 즐겁게 여겼다. 왜냐하면 그 일 때문에 아버지 아브라함은 더욱 인정을 받았고, 자신도 큰 복을 받게 되었다.

그 일 후에 하나님이 아브라함을 시험하시려고 그를 부르시되 아브라함아 하시니 그가 가로되 내가 여기 있나이다 여호와께서 가라사대 네 아들 네 사랑하는 독자 이삭을 데리고 모리아 땅으로 가서 내가 네게 지시하는 한 산 거기서 그를 번제로 드리라 아브라함이 아침에 일찍이 일어나 나귀에 안장을 지우고 두 사환과 그 아들 이삭을 데리고 번제에 쓸 나무를 쪼개어 가지고 떠나 하나님의 자기에게 지시하시는 곳으로 가더니 제 삼일에 아브라함이 눈을 들어 그곳을 멀리 바라본지라 이에 아브라함이 사환에게 이르되 너희는 나귀와 함께 여기서 기다리라 내가 아이와 함께 저기 가서 경배하고 너희에게로 돌아오리라 하고 아브라함이 이에 번제 나무를 취하여 그 아들 이삭에게 지우고 자기는 불과 칼을 손에 들고 두 사람이 동행하더니 이삭이 그 아비 아브라함에게 말하여 가로되 내 아버지여 하니 그가 가로되 내 아들아 내가 여기 있노라 이삭이 가로되 불과 나무는 있거니와 번제할 어린 양은 어디 있나이까 아브라함이 가로되 아들아 번제할 어린 양은 하나님이 자기를 위하여 친히 준비하시리라 하고 두 사람이 함께 나아가서 하나님이 그에게 지시하신 곳에 이른지라 이에 아브라함이 그곳에 단을 쌓고 나무를 벌여놓고 그 아들 이삭을 결박하여 단 나무위에 놓고 손을 내밀어 칼을 잡고 그 아들을 잡으려 하더니 여호와의 사자가 하늘에서부터 그를 불러 가라사대 아브라함아 아브라함아 하시는지라 아브라함이 가로되 내가 여기 있나이다 하매 사자가 가라사대 그 아이에게 네 손을 대지 말라 아무 일도 그에게 하지 말라 네가 네 아들 네 독자라도 내게 아끼지 아니하였으니 내가 이제야 네가 하나님을 경외하는 줄을 아노라 아브라함이 눈을 들어 살펴본즉 한 수양이 뒤에 있는데 뿔이 수풀에 걸렸는지라 아브라함이 가서 그 수양을 가져다가 아들을 대신하여 번제로 드렸더라 아브라함이 그 땅 이름을 여호와 이레라 하였으므로 오늘까지 사람들이 이르기를 여호와의 산에서 준비되리라 하더라 여호와의 사자가 하늘에서부터 두 번째 아브라함을 불러 가라사대 여호와께서 이르시기를 내가 나를 가리켜 맹세하노니 네가 이같이 행하여 네 아들 네 독자를 아끼지 아니하였은즉 내가 네게 큰 복을 주고 네 씨로 그게 성하여 하늘의 별과 같고 바닷가의 모래와 같게 하리니 네 씨가 그 대적의 문을 얻으리라 또 네 씨로 말미암아 천하 만민이 복을 얻으리니 이는 네가 나의 말을 준행하였음이니라 하셨다 하니라(창 22:1~18).

이 모리아 산 사건은 아브라함에게만 영향을 준 것이 아니다. 이삭에게도 엄청난 영향을 주었다. 나는 이삭을 생각하면 언제나 모리아 산 사건이 떠오른다. 하나님도 그러실 것 같다.

이삭은 아버지를 잘 만났다. 하나님을 경외하는 아버지이다. 모르긴 몰라도 말년에 얻은 외아들 이삭을 끔찍이 사랑했다. 배 다른 자녀를 다 이삭에게서 떠나게 한 것을 보면 그 마음을 읽을 수 있다.

행복한 가정은 우선 하나님을 경외하고 자녀에 대한 사랑이 공존해야 한다.

그런데 잊지 말아야 할 것이 또 있다.

하나님 경외가 우선인가? 아니면, 자녀의 사랑이 우선인가?

짓궂게도 하나님은 그것을 알고 싶어 하신다.

창세기 22장은 부모의 마음고생이 역력하게 나타난다. 하나님이 그 질문을 그 곳에서 하셨기 때문이다. 부모는 자녀를 내려놓아야 한다. 자녀가 하늘 아버지 소유라는 것을 인정해야 한다.

자녀는 내 소유가 아니다. 나는 관리자일 뿐이다. 하나님을 의식하도록 아이를 하나님께 떠밀고 자기는 뒤로 물러나야 된다.

그런데 그것이 마음대로 안 된다. 쉽지 않다. 그래서 하나님 경외를 먼저 선택하는 것 자체가 부모의 가장 큰 희생이다. 자녀 양육 때문에 맛있는 것 못 먹고 입고 싶은 것 못 입는 것이 희생일 수 없다. 자녀를 해외 유학 보내고 기러기 엄마, 아빠로 사는 것도 희생이 아니다. 그것은 아주 작은 수고이다. 때에 따라서는 헛수고도 될 수 있다.

최고의 희생은 자녀의 소유권 이양이다. 내 자녀이기 이전에 하나님 자녀라는 것이다. 그 생각 자체가 희생이다.

아브라함이 신앙생활 하면서 감수한 최고의 희생은 무엇일까? 바로 자녀 사랑을 포기하는 일이다. 하나님 경외는 본능으로 안 된다. 자녀 사랑은 본능이다. 본능을 거슬리는 것만큼 괴로운 일이 없다. 그러나 자녀에 대한 자세가 바뀌지 않는 한 자녀는 믿음을 승계할 수 없다. 행복도 전수할 수 없다.

| 부모의 매직(magic)

하나님이 부모에게 주신 특별한 능력이 있다. 자녀의 마음에 '시냇가에 심은 나무'를 식목할 수 있다는 것이다. 그 나무는 '기쁨'이라는 나무다. 부모는 자녀에게 일어난 가장 불쾌한 일을 가장 상쾌한 기억으로 바꿀 수 있다. 그것이 하나님이 부모에게 주신 매직이다.

이삭에게 보면 모리아 산은 슬픈 기억이다. 그것도 매우 암울한 기억이다. 아버지에게 버림당한 장소이기 때문이다. 아무리 하나님이 중요하지만 아들 입장에서 보면 끔찍하다. 하나님 때문에 칼 맞을 뻔했다. 당연히 마음의 상처가 생긴다. 하나님에 대한 반감도 생길 수 있다.

그러나 이 슬픈 기억이 즐거운 기억이 되었다. 모리아 산이 기쁨 가득한 장소가 되었다. 그것도 아버지가 수습했기에 가능하다. 아무리 이삭이 하나님이 말씀하시는 것을 들었고 자기 눈으로 진행되는 사건을 목격하더라도 그 사건의 해석은 아버지 몫이다. 아브라함이 아들이삭에게 시간 될 때마다 이 사건의 의미를 잘 설명해 줘야 한다. 믿음의 관점에서, 신앙의 관점에서 해석해 줘야 한다. 그렇지 않으면 빗나간다. 상처 받는다.

교회의 중직 자녀, 특히 목회자 자녀가 탈선하는 경우가 많다. 종종 신앙을 버리는 경우까지 있다.

왜 그런가? 예수님을 믿으면서 당하는 어려움을 해석해 주지 않았기 때문이다. 고난을 고수(高手)되기 위해 허락하신 은혜라고 당당히 외쳐야 한다. 지속적으로 말해야 한다.

몇 년 전에 우리나라를 감동으로 몰고 간 젊은이가 있었다.

조엘 소넨버그라는 미국청년이다. 20개월 때 전신 3도 화상을 입었다. 전신의 85%가 불에 심하게 그슬렸다. 아버지가 몰고 가던 승용차가 교통사고를 당했기 때문이다.

사고를 낸 40톤 트럭 운전사는 뺑소니를 쳤다.

50여 차례나 수술을 받았다.

후유증으로 왼손과 오른손 네 손가락을 모두 잃었다.

그런 그가 26살의 청년으로 한국을 방문했다. 이미 미국에서는 명사가 되었다. TV와 대학에서 무수한 강의를 했다.

그 연장선상에서 강의를 위해 한국에 온 것이었다.

매스컴의 뜨거운 조명을 받았다.

"십자가에 달린 예수님보다 더 아픈 것 같다고 생각한 어린 시절이었다."

그의 고백이었다.

그런 그가 이미 오래 전에 실망과 좌절을 버렸다.

그리고 '희망 전도사' 가 되었다.

가장 감동적인 부분은 18년 만에 사고를 일으키고 도망간 뺑소니 운전수가 잡혔을 때다. 조엘은 법정에 서서 이 범인의 선처를 호소했다. 그리고 자신은 이미 그 사람을 용서했다고 말했다.

어떻게 이 일이 가능했을까? 부모 때문이다.

어머니는 끊임없이 조엘을 다독였다. 너는 하나님의 약속이요 가능성이라고.

그리고 그 사건의 해석도 명쾌하게 리모델링해 주었다.

하나님의 섭리가 있을 것이라고. 그 사건 때문에 불행하지 않을 것이라고. 하나님이 그 일을 계기로 더 크게 사용할 것이라고 해석해 주었다.

한 번만이 아니라, 조엘이 아플 때마다 지속적으로 그렇게 말했다. 심지어는 노래로 만들어 불러줬다.

그랬더니 그 사건에 묶이지 않게 되었다. 장애가 부끄럽지 않았다.

세상에서 가장 아름다운 사람이 되었다.

모리아 산을 보라.

부모 희생의 결정판이다. 자녀 사랑의 교훈판이다.

그래서 이삭뿐만 아니라, 우리 모두에게 축복의 성산이다.

아무리 강조해도 이삭만큼 아버지의 복을 받은 사람은 없다.

빛나는 조연 인생

이런 이삭이 사람들에게 양보를 잘 했다. 하나님 백을 믿었기 때문이다. 아버지의 하나님을 철저히 믿었다.

한 번은 그랄 땅의 목자들이 삿대질하며 덤볐다. 물 때문이었다. 이삭이 파서 얻은 샘을 자기들 것이라고 우겼다.

이삭은 순순히 그 샘을 내주었다.

그리고 다른 데 가서 우물을 파서 물을 얻었다.

생명 같은 물이다. 지금도 중동에는 석유보다 물이 중요하다.

그런데 그 목자들이 또 와서 그것도 자기들 것이라고 주장했다.

어떻게 했겠는가?

또 양보했다.

역시 다른 곳에 가서 다른 우물을 팠다.

이삭이 그곳을 떠나 그랄 골짜기에 장막을 치고 거기 우거하며 그 아비 아브라함 때에 팠던 우물들을 다시 팠으니 이는 아브라함 죽은 후에 블레셋 사람이 그 우물들을 메웠음이라 이삭이 그 우물들의 이름을 그 아비의 부르던 이름으로 불렀더라 이삭의 종들이 골짜기에 파서 샘 근원을 얻었더니 그랄 목자들이 이삭의 목자와 다투어 가로되 이 물은 우리의 것이라 하매 이삭이 그 다툼을 인하여 그 우물 이름을 에섹이라 하였으며 또 다른 우물을 팠더니 그들이 또 다투는고로 그 이름을 싯나라 하였으며 이삭이 거기서 옮겨 다른 우물을 팠더니 그들이 다투지 아니하였으므로 그 이름을 르호봇이라 하여 가로되 이제는 여호와께서 우리의 장소를 넓게 하셨으니 이 땅에서 우리가 번성하리로다 하였더라 (창 26:18~22).

매사에 이삭은 이런 식이었다.

이삭이 이렇게 행동할 수 있었던 이유가 있다. 확실한 하나님의 경험이 있기 때문이다. 하나님이 아버지에게 복 주는 분이시고, 자신에게도 복 주는 분이심을 믿었다.

모리아 산에서의 경험이 그것을 말해줬다. 그 사건 이후 사람은 조연이고, 하나님이 주연이라는 것을 알았다. 인생의 생사화복이 다 그분의 주관인 것을 뼈 속 깊이 느꼈다.

절대로 그 사실을 잊지 않았다. 그래서 건방 떨지 않았다. 잘난 척 하지 않았다. 한결 여유로웠다. 어떤 상황에서도 양보의 사람이 되는 것은 당연했다.

매사에 주연이신 하나님을 드높였다.

그랬더니 결국 조연인 자신도 박수를 받았다.

아비멜렉이 그 친구 아훗삿과 군대장관 비골로 더불어 그랄에서 부터 이삭에게로 온지라

이삭이 그들에게 이르되 너희가 나를 미워하여 나로 너희를 떠나가게 하였거늘 어찌하여 내게 왔느냐

그들이 가로되 여호와께서 너와 함께 계심을 우리가 분명히 보았으므로 우리의 사이 곧 우리와 너의 사이에 맹세를 세워 너와 계약을 맺으리라 말하였노라

너는 우리를 해하지 말라 이는 우리가 너를 범하지 아니하고 선한 일만 네게 행하며 너로 평안히 가게 하였음이니라 이제 너는 여호와께 복을 받은 자니라
이삭이 그들을 위하여 잔치를 베풀매 그들이 먹고 마시고
아침에 일찌기 일어나 서로 맹세한 후에 이삭이 그들을 보내매 그들이 평안히 갔더라
그 날에 이삭의 종들이 자기들의 판 우물에 대하여 이삭에게 와서 고하여 가로되 우리가 물을 얻었나이다 하매 그가 그 이름을 세바라 한지라 그러므로 그 성읍 이름이 오늘까지 브엘세바더라(창 26:26~33).

나중에는 이삭의 적들도 이삭에게 나아왔다. 싸움 하자고 나온 것이 아니라 악수하려고 나왔다. 그리고 기립 박수를 했다.

이삭의 인생은 처음부터 끝까지 그랬다. 변치 않았다.

사람에게는 남우주연상이나 여우주연상은 없다. 주연은 오직 하나님뿐이시기 때문이다.

그렇다면 사람에게 최고의 상은 무엇일까?

남우조연상이다. 여우조연상이다.

하나님은 빛나는 조연에게 관심이 있으시다. 그래서 심지어 그들을 동역자라 부르셨다.

"우리는 하나님의 동역자들이요"(고전 3:9).

하나님의 동역자, 빛나는 조연이 되자!

| 타인의 장단에 맞추라

하나님이 주연이라면 조연 인생은 주연의 그 장단에만 맞추면 된다. 하나님의 장단에 맞추면 다른 사람 돌아볼 여유가 생긴다.

왜냐하면 하나님이 인생을 이끄시기 때문에 내 고집, 내 이익을 비교적 쉽게 내려놓을 수 있다. 다른 사람을 무한정 신뢰할 수 있다.

이삭이 그랬다.

그 아들 야곱은 아버지 이삭의 이 점을 악용했다. 아버지를 속였던 것이다. 아버지는 아무리 눈이 나빠도 첫째아들과 둘째아들을 구별 못하지는 않는다.

실제로 이삭은 변장한 야곱에게서 이상한 점을 발견한다. 그러나 타인에 대한 무한 신뢰를 가진 이삭은 그냥 믿어준다. 의심 많은 사람이면 절대로 축복하지 않았을 것이다.

야곱이 아버지의 복을 다 받고 돌아가자 에서가 왔다. 이 때 자신이 속았다고 야곱을 불러 저주하지 않는다. 웬만한 부모라면 둘째를 꾸중하고 첫째에게 다시 복을 주었을 것이다.

그러나 이삭은 그렇게 하지 않았다. 자신은 끝까지 조연에 머물렀다. 주연이신 하나님께서 그렇게 하도록 허락하셨다고 믿었기 때문이다.

이것이 빛난 조연, 이삭의 행동이다. 얼마나 대단한가?

이삭 같은 사람이 요즘도 있다.

주안교회 한 교역자의 이야기다.

한 병원에서 건강 검진을 하다가 대장에 4개의 용종이 발견되었다. 수면 내시경을 하면서 떼어냈다. 그런데 담낭에 1cm가 넘는 용종이 또 있다는 것이다. 다른 동네 병원에 가서 초음파 검사를 해보니 정말로 담낭에 용종이 있다는 소견을 들었다.

그래서 건강 검진을 했던 병원으로 갔다. 수술을 받기 위해서다. 큰 용종 때문에 담낭을 제거해야 했다. 수술을 잘 했다는 연락을 받았다.

그런데 곧 또 다른 연락을 받았다. 수술 받은 후 지혈이 안 되어 재수술을 한다고 했다. 다섯 시간 후에는 생명이 위험하다는 연락을 받았다. 깜짝 놀랐다. 다행히 몇 시간 후 안정을 되찾았다.

그러나 수혈을 너무 많이 받아서 패혈증의 위험이 있다고 했다. 모든 교역자들이 모여 통성으로 기도했다. 곧 의식을 찾았다. 패혈증의 위험도 사라졌다.

문병을 갔다. 이미 중환자실에서 나온 상태였다.

또다시 깜짝 놀랐다.

이번에 놀란 것은 어이가 없어서 놀랐다.

담낭에 용종이 없었다는 것이다. 담낭을 제거하고 보니 그것은 용종이 아니고 담석이었다.

병원 측에서는 담석 때문에 담낭 벽이 너무 손상되어 있어서 어쩔 수 없이 잘랐다고 했다. 정말 어이가 없었다.

더 어이없는 것은 지혈 때문에 생살을 25cm 갈랐다는 것이다.

목회자 배가 조폭에게 칼 맞은 배처럼 되었다.

가장 화가 나는 것은 그 생고생을 하고 퇴원했는데 150만원의 병원비를 냈다는 것이다. 어떤 동료 목회자는 일인 시위를 주장했다. 나는 적어도 가서 따지자고 했다.

그런데 정작 당사자는 태연했다. 화 낼 것도 없고 따질 것도 없다고 했다. 하나님의 섭리가 있다는 것이다.

처음에는 그 소리에 혀를 찼다. 그러나 곰곰 생각할수록 그분의 그런 태도가 정답이었다.

나는 아직도 그 병원이 잘못했다고 생각한다. 그러나 분명한 것은, 그 화가 나는 사건에도 하나님의 섭리가 있다.

왜냐하면 하나님이 주연이시기 때문이다. 그분이 주연이시기 때문에 그분이 수습하신다.

그것이 이 땅을 사는 이삭의 후예들에게 주는 교훈이다.

| 조연이 복이다

이 시대는 누구나 주연을 꿈꾼다. 그러나 성경은 적극적으로 말린다. 조연이 괜찮다는 것이다. 하나님이 주연이 되시고, 타인이 주연이 되는 것이 복이다.

이삭은 그렇게 살아서 평화로웠다.

나는 창세기의 성경 인물 중 이삭이 제일 부럽다. 이삭처럼 복 받으면서 고생 안 하고 살면 좋겠다. 그렇게 되려고 철저한 조연 인생을 계획한다.

즐거운 교회는 조연 인생이 많은 곳이다. 서로 협력하고 화합한다.

주안장로교회의 즐거움은 바로 이런 조연들이 가득하다는 것이다. 나는 주안교회 장로님들을 존경한다. 그분들만큼 빛나는 조연이 또 있을까 싶다. 담임목사님께만 잘 하시는 것이 아니다. 나처럼 새파란(?) 부목사들에게도 깍듯하다.

은퇴하신 이상진 장로님은 주안 상조회에서 봉사하신다. 큰 교회라 장례도 자주 있다. 전국 방방곡곡으로 달려가야 한다. 연세 때문에 힘드신 데도 웬만하면 가신다. 가시면 항상 목회자를 앞서게 하신다. 궂은 뒤처리는 그 장로님이 맡아 하신다. 그러니 그분 앞에서는 고개가 숙여진다. 존경하지 않을 수 없다.

우리 교회 장로님들이 언성 높이는 것을 본 적이 없다. 철저히 뒤로 물러난다. 조연으로만 머문다. 보이지 않는 수고만 있다.

담임목사님은 여러 번 그분들에게 감사를 표현했다. 주안교회가 성장한 것은 바로 장로님들이 잘 따라 주어서라고. 정말이다. 너무 잘 따라 주신다. 그래서 당회가 쉷은 것이요 부담이 없는 이유이다.

담임목사님도 조연 자리를 노리신다. 박수 받는 일을 사양하신다. 그래서 생신감사 예배도 쑥스러워하신다. 조연만 가득하니 교회가 부드럽다.

그것이 주안교회이다.

권사님들, 집사님들이 조연이다. 그래서 부드럽다. 교회에서 목소리 높이는 일이 없다. 찬양할 때뿐이다.

이것이 조연, 주안교회이다. 화평해서 즐거운 교회이다.

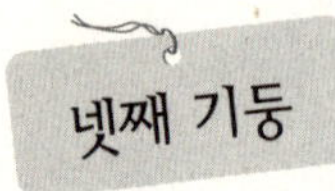

| 야곱, 선명한 은혜로 즐겁다!

주안교회는 선명한 은혜가 있다. 야곱을 통해서 그 은혜를 나누어본다.

장년 성도를 위한 청지기 훈련학교라는 곳을 몇 년 동안 섬겼다. 그 때 훈련생들에게 종종 질문했던 문제가 있다.

주제와 연관이 있어서 서술해본다.

"전 세계를 이끌어 갈 지도자를 뽑아야 한다. UN같은 세계 기관의 수장을 뽑는 일이다. 우리가 유권자이다. 여기 3명의 후보들에 대한 신상명세서가 있다. 과연 누구를 뽑아야 하겠는가?"

1)부패한 정치인과 결탁한 적이 있다. 점성술로 결정을 내린다. 두 명의 부인이 있다. 매일 줄담배를 피우고, 하루에 9-10병의 칵테일, 마티니를 마신다.

2)회사에서 두 번 쫓겨난 적이 있다. 정오까지 잠을 자고, 대학 때 마약을 복용했다. 매일 한 번씩 위스키의 1/4를 마신다.

3)전쟁 영웅으로 채식만 한다. 담배도 안 피운다. 필요할 때만 맥주를 조금 마실 뿐이다. 불륜은 한 적도 없고 죽을 때까지 단 한 명의 애인만 사귀었다.

누구를 뽑겠는가?

1)은 루즈벨트,

2)는 처칠,

3)은 히틀러이다.

재미있게 읽은 책이 있었다.

명지대학교 교수인 김정운 씨가 쓴 "노는 만큼 성공한다"라는 서적이다. 읽어보니까 위의 세 사람 이야기를 인용하면서 성공은 순전히 우연이라고 주장했다.

루즈벨트나 처칠이 성공한 이유는, 우연이라는 것이다. 오히려 성실한 태도와 노력 때문에 성공했다면 히틀러가 더 성공해야 한다는 논리다.

성공이 순전히 우연 때문이라는 주장을 어떻게 생각해야 하는가?

나는 일리 있는 말이라고 생각했다.

그러나 100% 동의할 수는 없다.

만일 용어를 조금 바꿔서 성공이 순전히 은혜 때문이라고 말한다면 100% 동의하겠다.

성공은 순전히 은혜이다.

성경의 인물들은 은혜 때문에 성공했다.

야곱도 그렇다.

야곱은 어느 누구보다 하나님의 은혜가 줄줄 흐르는 사람이다. 왜냐하면 야곱은 하나님의 은혜가 없으면 절대로 성공할 수 없는 사람이기 때문이다.

야곱은 자기 자신을 맹신하는 자기중심적인 사람이다. 하나님이 제일 싫어하는 유형이다. 육적인 성공까지는 모르겠지만 영적인 성공까지는 어림없다. 자기중심적이기 때문에 결과적으로 가정 파괴범이 되었다.

솔직히 나는 야곱의 행동을 이해할 수 없다.

형과 아버지를 속이고 왜 외삼촌 집으로 도망가는가? 형에게 미안하다고 빌면 된다. 얼떨결에 그렇게 했으니 잘못했다고 고개 숙이면 된다.

형 에서는 욱하는 성질은 있지만 마음이 모진 사람 같지는 않다. 눈물이 많은 사람이다. 동생 야곱에게 속아서 펑펑 울고 나중에는 야곱이 돌아왔을 때 껴안고 방성대곡했다. 눈물 많은 사람치고 모진 사람 없다. 형으로서 자꾸 동생에게 속으면 열 받는다. 감정적인 에서의 행동을 조금은 이해할 수 있겠다.

그러나 야곱의 행동은 이해할 수 없다. 야곱은 처음부터 에서에게 사과할 마음이 없었다. 성경 어디를 보아도 야곱이 자신의 거짓말에 대하여 눈물 흘리거나 사과했다는 흔적이 없다. 보통 사람이 아니다. 대단히 자기중심적이다.

소나무 야곱

예레미야는 눈물의 선지자인데, 야곱도 눈물의 사람이다. 예레미야는 자기가 눈물을 흘렸는데, 야곱은 남이 눈물을 흘리게 했다. 쌍둥이 형, 에서는 이삭에게 간 자신의 축복 때문에 방성대곡했다(창 27:34).

아버지 이삭은 잘못 빌어준 야곱의 축복 때문에 심히 두려워 떨었다. 두 형제의 불화 때문에 마음이 상했다.

어머니 리브가는 야곱을 편애했다. 그러나 사랑하는 야곱을 외삼촌 집으로 도망시켜야 했다. 그래서 오랫동안 만나지 못했다. 얼마나 보고 싶었겠는가? 눈물로 많은 날을 지새웠을 것이다. 그래서 나는 야곱을 가정 파괴범으로 생각한다.

소나무는 멀리서 바라보면 멋있다. 그러나 가까이서 살펴보면 얼마나 자기중심적인지 알 수 있다. 소나무는 어떤 식물이라도 자기 영역 안에서 뿌리를 내리는 것을 못 봐준다. 그래서 소나무 밑에서는 어떤 화초도 건강하게 자라서 꽃을 피울 수가 없다. 혼자만 독야청청

한 것이다. 그 이유 때문에 소나무는 군자의 대열에 낄 수가 없다. 혼자 독식하는 모습이 야곱 같다. 소나무 야곱이다.

야곱도 그냥 보면 위대한 신앙인 같으나 가까이서 보면 그렇지 않다. 거짓말도 잘 하고 속이기도 잘 한다. 경쟁심도 대단하다. 야곱은 기독교적 성공에 적합한 인물이 아니다. 그냥 생각하면 성실, 근면하고 끈기 있기 때문에 하나님의 눈에 들었다고 생각할 수 있다.

그러나 조금만 자세히 살펴보면 절대로 그렇지 않다. 오히려 그 반대이다. 형 에서의 칼날을 피해 도망할 때 벧엘에서 노숙했다. 그 때 하나님은 야곱에게 복 주겠다고 약속하신다.

또 본즉 여호와께서 그 위에 서서 가라사대 나는 여호와니 너의 조부 아브라함의 하나님이요 이삭의 하나님이라 너 누운 땅을 내가 너와 네 자손에게 주리니 네 자손이 땅의 티끌같이 되어서 동서남북에 편만할지며 땅의 모든 족속이 너와 네 자손을 인하여 복을 얻으리라 내가 너와 함께 있어 네가 어디로 가든지 너를 지키며 너를 이끌어 이 땅으로 돌아오게 할지라 내가 네게 허락한 것을 다 이루기까지 너를 떠나지 아니하리라 하신지라(창 28:13~15).

그 때 야곱은 하나님께 어떻게 대답하는가?

야곱이 서원하여 가로되 하나님이 나와 함께 계시사 내가 가는 이 길에서 나를 지키시고 먹을 양식과 입을 옷을 주사 나로 평안히 아비 집으로 돌아가게 하시오면 여호와께서 나의 하나님이 되실 것이요 내가 기둥으로 세운 이 돌이 하나님의 전이 될 것이요 하나님께서 내게 주신 모든 것에서 십분 일을 내가 반드시 하나님께 드리겠나이다 하였더라(창 28:20~22).

참 은혜로운 서원 같지만 그렇지 않다.

이것은 자기중심적인 야곱이 하나님도 이용하려는 태도다.

무슨 말인가?

만일 하나님의 섭리와 인도를 순수하게 믿는다면 '아멘 감사합니다' 하고 계속 길을 가면 된다.

그런데 야곱은 그렇게 하지 않고 하나님께서 그렇게 하시면 자신이 이렇게 대가를 지불하겠다고 한다. 마치 뇌물을 주어서 마음이 변하지 않도록 한 번 더 확인하자는 심산이다. 약속 파기를 안 하도록 수작을 부리는 것 같다.

야곱의 아버지 이삭이나 할아버지 아브라함은 하나님이 복 주시겠다고 말씀하실 때 야곱처럼 말대꾸하지 않았다. 그냥 아멘 할렐루야 감사했다. 그만큼 야곱이 궁지에 몰리고 힘들었기 때문일 수 있지만, 하나님을 통제하고 조정하려는 불순한 의도가 다분히 보인다. 이미 아버지 이삭에게 거짓말 할 때도 하나님을 들먹이며 이용했다.

이삭이 그 아들에게 이르되 내 아들아 네가 어떻게 이같이 속히 잡았느냐 그가 가로되 아버지의 하나님 여호와께서 나로 순적히 만나게 하셨음이니이다(창 27:20).

순 거짓말이다. 자기가 에서라고 속였고, 어머니 리브가가 잡아준 가축을 사냥감이라고 속였다. 그리고 어떻게 이렇게 빨리 사냥했냐는 아버지 이삭의 말에 하나님이 빨리 잡게 했다고 거짓말했다. 하나님의 이름을 망령되이 여긴 것이다.

이렇게 아버지를 속이고 하나님을 이용하려고 하는 자기중심적인 야곱은 제일 하급 인생이다. 하나님께서 제일 싫어하는 유의 사람이다.

그런데도 야곱은 성공한다.

그것이 하나님의 은혜 때문이라는 것이다. 야곱이 잘 나서가 아니라 오직 하나님 은혜 때문이다. 이 하나님의 은혜에 집중하자.

야곱에게 주신 하나님의 은혜는 무엇일까?

야곱의 삶을 아름답게 만든 하나님의 선명한 은혜는 무엇일까?

하나님의 은혜는 야곱 주머니에 가득한 돈이 아니다.

하나님의 은혜는 꼬인 가족 관계의 회복이 아니다.

하나님의 은혜는 훗날 죽은 줄 알았던 아들을 만나는 것도 아니다.

그런 것들은 자투리 은혜다.

그렇다면 주안교회에 주신 선명한 은혜는 무엇인가?

주안교회의 선명한 은혜는 넘치는 새가족 숫자가 아니다.

주안교회의 선명한 은혜는 넉넉한 재정이 아니다.

주안교회의 선명한 은혜는 넉살좋은 헌신자들이 절대 아니다.

하나님의 진짜 은혜, 하나님의 선명한 은혜는 무엇일까?

역시 야곱을 통해서 접근한다.

| 철드는 것이 은혜

첫째로, 철드는 것이 은혜다.

어릴 때 나는 슈퍼맨으로 생각했던 적이 있었다. 자동차가 내 발 위를 지나가도 멀쩡하다고 생각했다. 다행히 한 번도 그렇게 시도한 적은 없지만 그만큼 착각은 심했다.

야곱도 착각이 심했다. 야곱 스스로가 복을 부르고, 자기 인생을 좌지우지 할 수 있다고 생각했다. 소위 슈퍼맨 신드롬은 이때부터 있었나보다.

왜 형 에서에게 장자권을 살 생각을 했겠는가?

왜 어머니와 공모해서 아버지를 속일 용기를 얻었는가?

자기가 자기 인생을 통제할 수 있다는 착각 때문이다.

그래서 야곱은 수단 방법을 가리지 않았다. 그랬기 때문에 잘못했다고 사과하지 않았다.

요즘도 이런 유의 착각이 대세다.

내가 좋아하는 소설가 중에 이외수라는 분이 있다. 그런데 항상 바른 말만 하는 것은 아니다. 그분의 "청춘 불패" 라는 책을 보니까

이 세상의 중심은 자기 자신이란다. 내가 스스로 나의 운명을 통제하며 세상을 경영할 수 있다는 것이다.

철없는 말이다. 그렇게 세상은 만만한 곳이 아니다.

야곱의 착각도 철이 없는 것이다. 가만 있어도 하나님께서 복 주시고 이끌어 주신다. 그러나 하나님은 뒷전에 두고 혼자 북치고 장구치고 하다가 탈진한다. 자기가 자기 인생을 조정한다고 생각하니 얼마나 피곤한가!

야곱은 탈진해도 여러 번 탈진한다. 형 에서의 칼날을 피해 도망할 때 탈진하지만, 외삼촌 라반과 동업할 때도 여러 번 탈진한다. 그래서 끝내는 야반도주한다.

물론 이런 착각은 꼭 나쁜 것이 아니다. 착각이 자각을 부를 수도 있기 때문이다. 어린 시절 한때 내가 슈퍼맨이라고 생각한 적이 있다고 말했다. 그 생각은 곧 고쳐졌다. 몇 번 다치고 나니 그 착각에서 벗어났다.

그러나 비슷한 착각이 몇 번 더 있었다. 나는 머리가 좋다는 등 여자들한테 인기가 많다는 등이 그런 것들이다.

그러나 역시 경험을 통해 착각이 깨졌다. 대학 입학이 힘들었다. 군대 갔다 와서 겨우 대학에 들어갔다. 별로 머리가 좋지 않았다는 증거다.

결혼은 거반 40이 되어서 했다. 결혼 할 마음이 없었다고 위로하지만, 별로 인기남은 아니라는 반증이다. 우리 아내가 아니었으면 지금도 총각일 지도 모른다.

그러나 이런 착각 때문에 자존감과 자긍심을 유지한다. 자존감이 너무 높았기 때문에 문제였지만, 경험을 통해서 바른 자리를 잡았다. 워낙 높은 자존감이 몇 등급 낮아졌다고 해서 아예 없어지지는 않는다.

지금도 나는 머리가 안 좋다는 증거에도 기죽지 않는다. 여자들한테 그렇게 매력적이지 않다는 사실에도 별로 신경 쓰지 않는다.

나는 이것이 어린 시절 내 주변에 있던 어른들 덕이라고 생각한다. 내가 슈퍼맨이라고 망토 두를 때 진짜 멋지다고 박수 쳐주고 휘두른 작은 주먹에 죽은 척 해주었다. 연신 나는 예쁘고 사랑스럽다고 칭찬을 많이 받았다. 인정 많은 교회 사람들이라서 그렇게 한 것인데, 그래도 그게 많이 쌓이다 보니 실제로 그런 줄 알았다.

그러나 살아가면서 이것은 큰 자신감으로 작용했고 몇 번 내 자신의 능력에 대한 바른 자각을 한 후에도 자존감과 자신감은 없어지지 않았다.

지금도 나는 매력적이라고 자각하며 살고 있다. 진짜 아닌가? 하나님 앞에서 얼마나 매력적인가! 착각은 자각을 부른다.

야곱의 경우도 마찬가지다.

'내 인생은 내가 통제해!' 라고 외치며 건방을 떨 때도 주님은 빙그레 웃으시며 기다리셨다. 그러나 야곱의 그런 상태는 성숙하지 못한 것이요 철들지 못한 것이다.

사도 바울이 말하는 '어린 아이의 일' 이 바로 이런 상태다.

내가 어렸을 때에는 말하는 것이 어린 아이와 같고 깨닫는 것이 어린 아이와 같고 생각하는 것이 어린 아이와 같다가 장성한 사람이 되어서는 어린 아이의 일을 버렸노라(고전 13:11).

그러나 이런 어린 아이 같은 착각도 주님이 만져 주시니 참된 자각이 될 것이다. 하나님은 야곱의 철없는 행동을 어떻게 고치셨을까? 계속 은혜를 주셨다. 은혜로 철들게 하셨다.

국어사전에서 '은혜' 라는 단어를 찾아보니 "기독교에서는 하나님의 사랑"을 일컫는다고 했다. 맞는 말이다. 은혜는 하나님의 촉촉한 사랑이다. 부모 같은 사랑이다. 비록 야곱이 고통 가운데 있어도 하나님의 보호막이 있었다. 그 보호막 안에서 허락된 고통만 있었다. 그러면서 야곱은 서서히 철이 들기 시작했다.

야곱은 눈물을 흘리며 철이 들었다. 진짜 눈물의 사람이 되었다. 이번에는 남을 눈물 흘리게 하는 것이 아니라 자기가 눈물을 흘렸다. 창세기 32장에서 34장에 이르기까지 야곱은 눈물 홍수를 지난다. 32장에 보면 얍복강에서 씨름하다 다쳐서 눈물 흘렸을 것이다. 33장에는 형 에서 때문에 펑펑 울었다.

야곱이 눈을 들어 보니 에서가 사백인을 거느리고 오는지라 그 자식들을 나누어 레아와 라헬과 두 여종에게 맡기고 여종과 그 자식들은 앞에 두고 레아와 그 자식들은 다음에 두고 라헬과 요셉은 뒤에 두고 자기는 그들 앞에서 나아가되 몸을 일곱 번 땅에 굽히며 그 형 에서에게 가까이 하니 에서가 달려와서 그를 맞아서 안고 목을 어긋맞기고 그와 입맞추고 피차 우니라(창 33:1~4).

34장에는 사랑하는 딸이 이방인 남자에게 강간당해서 울었다.

야곱이 그 딸 디나를 그가 더럽혔다 함을 들었으나 자기 아들들이 들에서 목축하므로 그들의 돌아오기까지 잠잠하였고 세겜의 아비 하몰은 야곱에게 말하러 왔으며 야곱의 아들들은 들에서 이를 듣고 돌아와서 그들 모두가 근심하고 심히 노하였으니 이는 세겜이 야곱의 딸을 강간하여 이스라엘에게 부끄러운 일 곧 행치 못할 일을 행하였음이더라(창 34:5~7).

야곱이 통제할 수 없는 일이 산더미 같았다. 하나님의 섭리가 더 크다는 것을 깨달았다. 나는 내 인생을 통제할 수 없다고 두 손 들었다. 하나님의 인도하심이 더 절실하다는 것을 알게 되었다.

창세기 35장을 보면 하나님께서 그런 야곱을 또 찾으신다. 그 옛날 벧엘에서처럼 복 주시겠다고 말씀하신다.

그에게 이르시되 나는 전능한 하나님이니라 생육하며 번성하라 국민과 많은 국민이 네게서 나고 왕들이 네 허리에서 나오리라 내가 아브라함과 이삭에게 준 땅을 네게 주고 내가 네 후손에게도 그 땅을 주리라 하시고 하나님이 그와 말씀하시던 곳에서 그를 떠나 올라가시는지라(창 35:11 ~13).

이전에는 만약 그렇게 하시면 이렇게 저렇게 하겠다고 토를 달았지만, 지금은 그렇게 하지 않았다. 다만 조용히 제단을 쌓고 예배드렸다. 철이 들었다는 얘기다.

이렇게 철이 들면 모든 일을 하나님 중심으로 본다. 그러면 기쁜 일은 감사요 슬픈 일은 섭리다. 펑펑 울 일이 있는가? 그것도 하나님의 은혜다. 우리를 철들게 하시는 하나님의 선명한 은혜다. 하나님의 섭리와 은혜만이 제일이라는 생각이 철드는 것이다.

어떤 사람은 일찍 철드는 사람이 있고, 어떤 사람은 늦게 철드는 사람이 있다. 야곱은 늦게 철드는 사람이다. 그래서 고생이 많았다. 우리의 모든 것은 하나님의 섭리 위에 있다. 우리들이 노력하는 것, 능력, 물질, 건강 중요하다.

그러나 우리가 철들지 않으면 그것들은 소용없다. 하나님의 인도가 최고라는 생각에 푹 빠질 때, 그 때가 철드는 시기다. 제 철 음식이 맛있다. 제 철 음식이 영향가도 제일이다. 철 들 때만 우리들의 노력, 능력, 물질, 건강이 영양가가 있다. 당도도 최고다. 철드는 것이 은혜다. 선명한 은혜다.

| 교회도 철이 든다

교회만큼 뜻대로, 생각대로 안 되는 곳이 없다.

주안교회를 다니는 한 자매의 이야기다.

아버지가 목사님이시다. 어려서부터 교회에서 자랐다. 작지만 은혜로운 교회였다. 그러나 부흥되지 않았다. 십년이 지나도 제자리였다. 나중에는 가족들만 예배를 드렸다. 7년 동안 그렇게 했다.

그 과정에서 어머니가 돌아가셨다. 아버지도 중병에 걸리셨다. 그 작은 교회마저 할 수 없는 상황이 되었다. 지금도 병상에 계신다.

그 자매와 가족은 교회를 위해서 간절히 기도했다. 교회 부흥을 위해 간구했다. 그런데 하나님은 그 부분에서는 침묵하셨다. 교회만큼 정말 생각대로 안 되는 곳이 없다. 대한민국 교회치고 부흥을 원하지 않는 교회가 어디 있겠는가?

나는 개척교회 하시면서 정말 기도도 많이 하고 전도도 열심히 하시는 목사님들을 많이 안다. 그런데 부흥은 요원하다.

그것이 목사님과 성도들 책임인가? 아니다. 절대로 아니다.

교회 부흥은 정말 성령님이 하신다. 나겸일 목사님도 주안교회의 부흥은 오직 성령님이 하신 일이라고 말씀하신다.

철든 교회는 이 사실을 확실히 믿는다. 교회가 작아도 위축되지 않는다. 교회가 커도 교만하지 않는다. 다 하나님의 은혜라고 생각한다. 물론 열심히 기도하고 열심히 전도해야 한다.

그런데도 안 된다면 어떻게 할까? 그냥 손들면 된다. 하나님 탓이라 여기면 된다. 그것이 하나님의 섭리다. 내 가슴을 쥐어짜고 가슴 칠 것 없다. 한숨 쉴 것 없다.

나는 앞에서 말한 자매의 아버지를 잘 모른다. 그러나 존경한다. 끝까지 하나님 섭리를 붙잡는 목회자이셨기 때문이다. 병상에 있는 지금도 그렇다. 절대로 그분의 수고가 헛되지 않는다. 그 고난이 조국 교회의 밑거름이 되었기 때문이다. 주님이 그 수고를 아신다.

철든 교회는 숫자에 연연하지 않는다. 하나님 섭리에 연연한다. 사실 나도 자신이 없다. 지금은 큰 교회 부목사이기 때문에 이런 소리를 뻥뻥 하고 있는지도 모른다. 과연 담임목사가 되었는데 숫자에 연연하지 않을 수 있을까? 정말 자신 없다. 그럼에도 야곱의 전철을 밟고 싶지는 않다. 철든 목회를 했으면 좋겠다.

나겸일 목사님은 철든 목회를 하셨다. 그래서 배우고 싶다.

목사님은 삼십년 넘게 교회 표어를 바꾸지 않으셨다.

"민족 복음화에 앞장 서는 교회, 세계 선교에 앞장 서는 교회"다.

목사님이 9만 명 성도가 아니라 단 한 명의 성도를 두고 목회를 한다 할지라도 이 표어를 고수할 것이라고 나는 확신한다. 왜냐하면 그 한 명을 통해서도 민족 복음화와 세계 선교를 할 수 있다고 믿는 분이기 때문이다.

따라서 주안교회 성도가 몇 사람에 불과하더라도 상처 받지 않을 분이다. 묵묵히 그 성도들과 더불어서 민족 복음화와 세계 선교에 매진하실 것이다. 목숨 걸고 하실 것이다. 민족 복음화와 세계 선교는 그분이 받은 사명이다.

성도의 많고 적음은 하나님의 섭리다. 따라서 사명에만 목숨 걸면 된다. 하나님의 섭리는 내가 목숨 건다고 바뀌지 않는다. 거기에 목숨 걸 필요가 없는 이유다.

예수님도 섭리에는 함묵하셨다. 십자가는 부담이었다.

"할 만 하시거든 이 잔을 내게서 지나가게 하옵소서."라고 말씀하셨다(마 26:39).

그러나 곧 "그러나 나의 원대로 마옵시고 아버지의 원대로 하옵소서"하고 입장 표명을 분명히 하셨다. 하나님 섭리에 따르겠다는 것이다. 십자가 사명에 집중하시겠다는 다짐이다. 그 주님의 본을 따라야 한다.

우리도 사명에만 집중하면 된다. 그렇게 깨달은 목회자가 있는 교회는 철든 교회다.

그러나 아직은 부족하다. 그런 목회자의 사명론에 군말 않고 따라가는 중직자가 있어야 한다. 함께 가는 성도도 필요하다. 그런 교회가 철든 교회다.

주안교회는 그런 목회자, 그런 중직자, 그런 성도가 있다.

그래서 주안교회는 철든 교회다.

철든 교회라서 행복하다. 즐거움이 넘친다.

압복강이 은혜

둘째로, 압복강이 은혜나.

야곱은 형 에서를 만나기 위해 돈을 많이 쓴다. 선물을 준비한 것이다.

암염소가 이백이요 수염소가 이십이요 암양이 이백이요 수양이 이십이요 젖나는 약대 삼십과 그 새끼요 암소가 사십이요 황소가 열이요 암나귀가 이십이요 그 새끼나귀가 열이라(창 32:14-15).

암염소 200, 수염소 20, 암양 200, 수양 20, 젖 나는 약대 30, 암소 40, 황소 10, 암나귀 20, 새끼나귀 10이다. 인터넷으로 소 한 마리 가격을 검색해보았다. 암소는 거의 500만원에 육박했다. 이 모든 가축들을 돈으로 환산하면 최소한 10억대의 선물이다.

그 선물 꾸러미로 형의 감정을 풀려는 의도였다. 혹시나 하는 마음에 가족 무리를 두 그룹으로 나누었다. 한 무리를 치면 두 번째 무리는 도망 갈 심산이었다. 그만큼 형 에서를 무서워했다.

모두 떠나보낸 후 혼자 얍복강 나루에 남았다. 그리고 천사와 씨름했다. 도와달라고 씨름한다. 호세아 12:3-4를 보면 그 장면을 하나님과 힘을 겨룬 것이라 보았다.

야곱은 태에서 그 형의 발뒤꿈치를 잡았고 또 장년에 하나님과 힘을 겨루되 천사와 힘을 겨루어 이기고 울며 그에게 간구하였으며 하나님은 벧엘에서 저를 만나셨고 거기서 우리에게 말씀하셨나니(호 12:3~4).

야곱은 하나님과 독대했다. 절뚝거리며 하나님께 나아갔다. 그때 하나님은 야곱에게 새로운 이름을 주신다. 이스라엘이다. 하나님과 사람으로 더불어 겨루어 이겼다는 뜻이다. 하나님이 져주신다. 창세기 35장에서 그 때 하나님이 얍복강에서 주신 이름, 이스라엘이 다시 거론된다.

> 그에게 이르시되 네 이름이 야곱이다마는 네 이름을 다시는 야곱이라 부르지 않겠고 이스라엘이 네 이름이 되리라 하시고 그가 그의 이름을 이스라엘이라 부르시고(창 35:10).

야곱이 아니라 이스라엘이라 부르겠다고 말씀하셨다. 얍복강은 야곱에게 감사요 감격의 장소다. 비록 환도뼈를 다쳐 절뚝거리게 되었지만 하나님과 홀로 만났다. 그리고 새 이름을 받았다.

새 이름을 준다는 것은 새 인생을 주신다는 것이다! 실제로 하나님은 승리의 새 인생을 주신다. 야곱에게는 이 얍복강가가 있었다.

우리에게는 이 얍복강가가 있는가? 하나님과 홀로 만나 씨름한 기억이 있는가? 그 장소만 떠올리면 감사가 저절로 나오는 그런 추억이 있는가?

얍복강가, 주안장로교회

주안장로교회가 얍복강가인 사람들이 있다.

이경희 권사님은 그 중에 한 분이다. 친정아버지는 불교 사상에 찔어 사시는 분이었다. 매일 불교서적을 탐독했다. 친정엄마도 아버지를 따라서 1년에 한 번 이상은 꼭 절에 가셨다. 그런 부모님을 따라 독실한 불교 신자로 지냈다.

1996년 4월 남편과 함께 칼국수 집을 시작했다. 그런데 하필 주안장로교회 앞이었다. 찜찜했지만 개의치 않기로 했다. 항상 아침 출근 할 때, 먼저 절에 갔다. 참배 후 가게 문을 열었다. 물론 개업할 때도 부적을 사서 여기저기 붙였다.

주일 날 어떤 권사님이 전도를 위해 찾아왔다.

그 날도 절에 가서 참배하고 온 후였다. 그런데 그 권사님이 가게 문을 닫을 시간이 되었는데도 앉아 있었다.

손님이 없는 것을 확인하고, 이경희 권사님을 불렀다.

자기는 암으로 오늘 내일 하는 위독한 상태라고 말했다.

이 가게 앞을 지나가는데 갑자기 '들어가라' 는 감동이 있었다.

음식을 시켜놓고 보니 부적이 보였다는 것이다. 하나님의 구원이 이곳에 필요하다는 깨달음을 느꼈다. 그래서 영업이 끝나기만을 기다렸다가 이야기를 시작하는 것이라고 했다.

눈을 한참 보더니, 딱 한마디를 던졌다.

"하나님이 당신을 사랑합니다."

이 한 마디에 이경희 권사님은 2시간을 펑펑 울었다.

권사님은 그 때를 생각하며 이렇게 회상하셨다.

"계속 운 거 같아요. 그분은 가만히 앉아서 보고 계셨어요. 남편은 주방쪽에서 앉아서 이쪽을 주시하고 있었어요. 조금 내 눈물이 줄

어들자 다짜고짜 말했어요. 절대로 교회는 못 간다고요. 시댁은 원래가 토속신앙이고, 친정은 불교라고요. 그렇게 권사님을 보냈는데 남편이 저를 부르는 거예요. 교회에 가고 싶으면 가라고 말했어요. 그래서 돌아오는 주일에 등록을 했지요."

그 후 이 권사님은 꾸준히 주일에 참석했다.

곧 남편도 강권해서 예배에 참석하도록 했다.

남편은 참석한 그 주일에 큰 은혜를 받았다.

"나 목사님이 그날 주일, 아픈 곳에 손을 얹고 같이 기도하자고 하셨어요. 설교 중에 그러셨죠. 남편은 당시 무릎을 움직이지 못할 정도로 아파서 고생하고 있었어요. 손을 얹고 기도했는데 치유함을 받았어요. 그리고 그 기적 때문에 남편은 하나님이 살아 계시다고 말했어요. 그리고 완전히 달라졌죠."

곧 담배도 끊고 술도 안 먹었다.

아내가 교회에 열심히 나가도록 더 권면했다.

이 부부는 매일 교회에 나갔다.

교회가 가까웠기 때문에 수월했다.

기도하며 하나님을 만났다. 철야도 했다. 새벽 기도도 빠지지 않았다.

지금은 교회 일을 너무 열심히 하시는 부부다.

두 분은 여전히 주안 성전을 지킨다. 부평 성전이 아름답게 건축되었고 이미 칼국수 집을 그만두고 다른 사업을 하고 계신다. 그래도 주안 성전으로 가신다.

그분들에게는 주안교회가 얍복강가이다. 독대하며 하나님을 만난 장소다. 하나님께 친정 부모님과 시댁식구 구원과 사업을 위해서 밤샘 기도를 한 곳이다. 하나님께서 그 기도 제목에 모두 응답한 장소였다. 얼마나 남다를까!

그렇다. 교회가 얍복강가인 것이 은혜다.

확실히 주안교회 성도들에게는 주안교회가 얍복강가이다.

지금도 이 생명의 강가에서 하나님과 씨름하는 용사, 하나님과 독대하는 야곱이 있기를 소원한다.

| 복 주는 자리가 은혜

세 번째로, 복 주는 자리가 은혜다.

18절에 보면 야곱은 아들의 이름을 베노니에서 베냐민으로 바꾼다.

> 그가 난산할 즈음에 산파가 그에게 이르되 두려워말라 지금 그대가 또 득남하느니라 하매 그가 죽기에 임하여 그 혼이 떠나려 할 때에 아들의 이름은 베노니라 불렀으나 그 아비가 그를 베냐민이라 불렀더라(창 35:17~18).

베노니는 슬픔의 아들이라는 뜻이다. 그 이름을 베냐민, 오른손의 아들이라 바꾼다. 하나님께서 야곱을 이스라엘이라고 바꾼 것처럼 자기 아들의 이름을 바꾼다. 야곱은 부모였기 때문에 이렇게 하는 것이 가능했다. 부모가 이름을 짓기 때문이다.

중요한 것은 야곱이 바꾼 이름처럼 실제로 베냐민이 오른손의 아들이 되었다는 사실이다. 복 비는 대로 된다. 이후로 야곱은 복 주는 사람으로 살았다. 나중에 애굽 왕을 만나도 축복한다.

야곱이 바로에게 축복하고 그 앞에서 나오니라(창 47:10).

애굽 총리인 아들 요셉이 자기 아들들에게 복을 빌어 주도록 신경 쓴 이유가 거기에 있다. 야곱이 기도하면 그대로 되기 때문이다. 야곱이 축복한 열두 아들들에 대한 복은 그대로 이루어졌다. 이것이 은혜다.

복을 주는 위치, 복을 주는 자리가 선명한 은혜다. 이런 면에서 나이 드는 것은 축복이다. 부모가 되는 것도 복이며 손자손녀가 생기는 것이 큰 복이다. 그들에게 복을 빌어주면 그대로 된다. 그것이 은혜다. 구역장이 되어 구역원들에게 축복하는 것, 교사가 되어 아이들 돌보는 것 등 모두 하나님의 은혜다.

우리 사회의 근심은 무엇인가? 부모가 줄어든다는 것이다. 원로가 없다는 것이다. 그들이 복을 비는 사람들인데 그런 사람이 없다는 것이 비극이다. 우리가 그런 사람이 돼야 한다.

부모로서 자녀들을 축복하라. 이웃을 축복하라. 이 세대와 이 나라를 축복하라. 그것이 은혜다. 우리에게 그런 권세를 주셨다.

| 복 주는 교회, 주안교회

주안교회는 복 주는 교회다. 모든 집회 때마다 나라와 민족을 위해 기도한다. 심지어는 구역예배 때도 이 기도를 하도록 한다. 통성으로 기도한다. 목회자를 비롯한 예배 인도자가 또 한 번 마무리 기도를 한다. 꼭 그렇게 하도록 고정 순서가 되었다. 교회가 있기 때문에 민족이 빛나고 지역사회가 복되다는 것을 믿는다. 그리고 축복한다. 민족과 사회를 위해 철저히 기도한다.

주안교회만 그런 복 주는 교회인가?

어떤 교회이든 축복의 권세가 있다. 그리스도의 몸이기 때문이다. 그러나 그것을 믿고 복을 "만드는" 교회는 드물 수 있다. 형식적인 기도 말고 정말 애타게 민족과 지역사회를 위해 기도해야 한다. 내 교회의 문제를 내려놓고 먼저 공동의 기도제목에 마음을 다 해야 한다. 그것이 복 주는 교회다. 그런 교회가 즐거운 교회다. 주안교회는 복 주는 교회여서 즐겁다.

은혜는 논리로 이해할 수 없다. 왜 날 사랑하셨는지, 왜 구원하셨는지, 왜 성공하게 하셨는지 이해할 수 없다. 시로, 가슴으로 이해해야 한다.

그래서 시편에 은혜라는 단어가 가장 많다.

그 가운데 시편 116: 12에는 이렇게 고백한다.

"여호와께서 내게 주신 모든 은혜를 무엇으로 보답할꼬."

철드는 것이 은혜다.

얍복강이 은혜다.

축복을 비는 자리가 은혜다.

이 은혜를 누리는 성도가 즐겁다. 교회가 즐겁다.

다섯 번째 기둥

요셉, 좋은 평판은 즐겁다

된장 인생, 젠장 인생

교구 기도회를 위해 유머집을 뒤적여 본 적이 있다. 여집사님, 권사님들을 위해 적절한 우스갯소리가 필요했기 때문이다. 몇 개를 골랐는데 그 가운데 하나가 생각이 난다.

"된장이나 고추장을 담그다가 실패하면 무슨 장이 되느냐"는 질문이다.

답은 "젠장"이었다.

나는 된장찌개를 좋아한다. 콩을 삶으면 기본적으로 된장의 재료가 된다.

그런데 삶은 콩을 그냥 두면 된장이 되는가?

아니다. 썩어버린다. 소금물이 들어가야 된다. 소금물이 들어가면 된장이 되고 그냥 두면 썩어버린다. 똑같이 삶은 콩인데 어떤 건

된장이 되고 어떤 건 쓰레기가 된다.

인생도 된장 교훈이 필요할 것 같다. 고생한 후에 거기에 의미를 부여하면 가치가 있다. 삶에 깊이가 있다. 된장 인생이 된다.

그러나 그런 절차를 생략한다면 생고생만 한다. 젠장 인생이 된다.

요셉을 보라.

요셉에게는 생고생이 없었다. 소금물을 붓듯, 자기 고생에 하나님을 부었다. 그랬더니 된장 인생, 가치 있는 인생이 된 것이다.

| 소문에 울고 소문에 웃고

요셉의 된장 인생에 조미료가 있었다면 그것은 '소문'이었다. 요셉은 언제나 소문을 몰고 다녔다. 요셉의 형들에게는 좋지 않은 소문이 있었다. 형들 중 단, 납달리, 갓, 아셀이 퍼트린 소문이었다. 자기들이 도모해서 아버지에게 손해 끼칠 일을 했다. 정확히 무슨 일을 했는지 모르지만 아마 아버지 야곱의 재물이나 이름에 타격을 줄 만한 일을 꾸몄나보다. 요셉이 그 일을 알고 자기들의 잘못을 아버지 야곱에게 일렀다. 그 일 때문에 나쁜 소문을 만들었을 것이라고 생각할 수 있다.

게다가 아버지도 요셉을 편애했다. 자기 자랑도 여과 없이 했다. 배다른 형들이 싫어할 요소를 다 갖춘 셈이다.

야곱이 가나안 땅 곧 그 아비의 우거하던 땅에 거하였으니 야곱의 약전이 이러하니라 요셉이 십 칠세의 소년으로서 그 형제와 함께 양을 칠 때에 그 아비의 첩 빌하와 실바의 아들들로 더불어 함께 하였더니 그가 그들의 과실을 아비에게 고하더라 요셉은 노년에 얻은 아들이므로 이스라엘이 여러 아들보다 그를 깊이 사랑하여 위하여 채색옷을 지었더니 그 형들이 아비가 형제들보다 그를 사랑함을 보고 그를 미워하여 그에게 언사가 불평하였더라(창 37:1~4).

요셉 앞에서는 비아냥거리고 싫은 눈짓을 분명히 했다. 나중에는 애굽의 노예상인에게 팔아버린다. 그 때 이후로는 다행히 좋은 소문만 있었다. 애굽 보디발의 가정총무로 있을 때나 옥에 갇혀 있을 때나 그랬다. 총리로 있을 때는 있을 법한 고위급에 대한 괴소문의 흔적이 없었다. 좋은 소문만 있었다.

애굽의 총리가 된 것도 따지고 보면 하나님의 은혜요 요셉에 대한 좋은 소문 때문이었다. 요셉에게 재산이 있다면 그것은 좋은 소문, 명성이었다.

요셉은 행복한 사람이다. 즐거운 인생이다. 돈 때문이 아니다. 높은 지위 때문도 아니다. 이름값 하며 살았기 때문이다.

그의 이름의 뜻은 무엇인가? 더하는 사람이다. 어머니 라헬이 요셉을 낳으며 아들을 더 낳게 해주십사 하는 바람으로 그 이름을 그렇게 지었다. 이유야 어찌 되었든 요셉은 그 이름을 생각하며 산다.

히브리인들에게 이름은 무척 중요하다. 아버지 야곱도 하나님과 씨름하다가 이름이 바뀌었다. 속이는 자에서 하나님을 이기는 자, '이스라엘' 로 바뀐다. 할아버지도 아브람에서 아브라함으로 불리운다. '열국의 아비' 라는 뜻이다. 바뀐 이름대로 산다.

요셉은 자기가 '더하는 자' 로 살기를 원했다. 아버지에게, 다른 가족에게도 인정받기를 원했다. 더하는 자, 도움이 되는 자로 살고 싶었다.

그렇다면 요셉이 꿈 이야기를 한 것도 그런 맥락에서 이해할 수 있겠다. 17세의 나이라고 해도 알 것 다 아는 나이다. 요셉은 도움 줄 수 있는 자신을 보여 주고 싶어 했는지도 모른다. 어쨌든 가장 어린 막내 아닌가! 비록 어리지만 형들에게 더하는 자가 된다는 것을 보여 주고 싶었다. 그런 그의 바람대로 집을 떠난 후에, 요셉은 어디에 있든지 보탬이 되는 자가 된다.

| 이름이 중요하다

이름은 중동뿐만 아니라 우리나라에서도 중요하다. 삼국유사나 삼국사기는 영웅 이야기가 많다. 그 이야기들은 보통 이름을 풀이하는데서 시작된다. 이름이 중요하기 때문이다. 박혁거세라는 이름은 박에서 나왔기 때문이다. 김알지는 금궤에서 나왔기 때문이다.

우리나라는 이름에 관심이 많다. 그래서 한국인은 이름을 여럿 가졌다. 관명(호적명)이 있다. 아명도 있다. 그리고 성인이 되면서 자와 택호를 가진다. 자는 이름의 대용물로서 가까운 친구간이나 이웃에게 허물없이 부르는 것이다. 주로 화려하게 지었다 한다.

택호는 원래 시집 온 여자에게 붙여진 이름이다. 그 아내가 '홍실댁'이면 그 남편은 '홍실양반'이다. 홍실에서 시집 온 여자요 그 여자에게 장가든 사람이라는 뜻이다.

몇 년 전에 박경리 선생의 토지 전집 21권을 샀다. 틈틈이 볼 요량이었다. 10권이 넘어가자 이름이 너무 많아 힘들었다. 무슨 댁과 무슨 양반이 수도 없었다. 나중에는 사람 외우기를 포기하고 그냥 읽었다.

거기에 나오는 아명은 상당히 천했다. 이름이 좋으면 귀신이 일찍 잡아간다는 미신 때문이다. 하도 많은 어린 아이가 죽으니까 그런 미신이 있었나보다. 천한 이름으로 부르면 귀신이 천한 아이라 생각한다. 그래서 죽음을 모면한다는 것이다. 그래도 내가 개똥이라고 불렸다면 상당히 싫었을 것 같다.

여하간 이름이 중요하기 때문에 우리나라도 오명이나 누명을 치욕적으로 생각한다. 그래서 입신양명이 최고였다. 출세해서 이름 날리는 것이다.

이런 이름을 중시하는 문화는 승농에도 벌써부터 자리 잡았다. 요셉은 자신의 이름을 붙잡고 붙잡았다.

나도 이런 경험이 있다.

나는 성도 흔한 성이 아닌데 이름도 썩 흔한 이름은 아니다. '신철' 이다. 강한 인상이다. 받침이 두 개라 소리가 강하다. 거기에 '탁' 자까지! 이름 석 자가 모두 강한 발음이다.

그래도 좋다. 그 뜻 때문이다. 특히 '신' 자가 마음에 든다. 믿을 신信자다.

목사는 믿음만 있으면 되는데 나는 '믿음' 이 있다. 이름에 있다. 높을 탁卓자까지 앞에서 꾸며 주면 높은 믿음이다. 이름이 예술이다. 이름이 감사다.

사실, 말은 이렇게 했지만 어릴 때는 특이한 이름이 싫은 적이 많았다. 소극적이고 수줍음이 있었기 때문이다. 그래서 자주 내 이름에 대하여 생각했다. 그러다가 내 이름이 점점 자랑스러워지기 시작했다.

그 계기는 초등학교 6학년 겨울 방학 때였다.

예비 중학생으로서 중고등부 수련회에 참석했는데, 그 때 인격적으로 주님을 만났다. 목사가 되고 싶었다. 진짜 믿음이 있는 사람이 소원이 되었다.

그 소원은 지금도 마찬가지다. 아버지, 어머니가 좋은 이름을 지어주셨다. 감사드린다.

요셉도 이름 가지고 평생 씨름했을 것이다. 그 뜻대로 살고 싶었을 것이다. 하나님은 그냥 넘어 가는 법이 없다. 이름 하나도 그 섭리와 목적 따라 만드신다. 요셉은 이름대로 살았다.

명성은 음해를 넘는다!

그러나 요셉이 그 이름대로 살아가는데 고비가 없었던 것은 아니다. 여러 번 있었다.

앞에서 말한 형들의 오해가 그것이다. 그러나 그런 것을 개의치 말아야 한다. 동일하게 지속적으로 행동하면 오해는 풀리고 진심이 알려진다.

요셉이 그렇지 않았는가!

요셉은 장기 유배를 떠난다. 형들이 요셉에게 나쁜 평판을 내렸기 때문이다. 애굽으로 팔려가서 많은 고난을 당한다. 만일 진짜 요셉이 애꿎은 형들을 힘들게 했다면 요셉은 그렇게 살다가 끝났을 수도 있다. 그리고 형들이 요셉을 판 일에 대하여 후회도 안 했을 것이다.

그러나 하나님께서 그냥 두지 않으셨다. 진짜 명성의 사람이 되게 하셨다. 형들은 종종 가책을 느꼈다. 나중에는 음해도 풀리고 형들의 사과도 받았다.

보디발 가정에서도 음해를 받았다. 겁탈범으로 몰린 것이다. 그 음해도 자연스럽게 풀렸다. 어쩌면 요셉은 음해라는 디딤돌을 밟고 더 높이 올라가고 있었는지도 모른다.

좋은 평판이 만들어지는 과정에는 음해가 있는 것이 당연하다. 나쁜 소문도 따라온다. 그러나 진실은 밝혀지는 법이다.

| 자기 사명을 깨달을 때, 명성은 만들어진다

요셉의 사명은 무엇인가?

그의 이름 뜻대로 '더하는' 자이다.

하나님은 그 이름을 통하여 그 사명을 주셨다.

요셉은 이 사실을 잘 알고 있었다.

그래서 아버지 야곱이 별세하자 자신들의 장래를 걱정하는 형들을 위로했다.

> 그 형들이 또 친히 와서 요셉의 앞에 엎드려 가로되 우리는 당신의 종이니이다 요셉이 그들에게 이르되 두려워 마소서 내가 하나님을 대신하리이까 당신들은 나를 해하려 하였으나 하나님은 그것을 선으로 바꾸사 오늘과 같이 만민의 생명을 구원하게 하시려 하셨나니 당신들은 두려워 마소서 내가 당신들과 당신들의 자녀를 기르리이다 하고 그들을 간곡한 말로 위로하였더라(창 50:19~21).

형제들에게 도움 주기 위해 하나님이 미리 요셉을 애굽 땅에 보낸 것을 잘 알고 있었다. 이름을 통해서 사명을 깨달았다. 증오 때문에 그 사명을 망각하지 않았다.

그런 태도로 살아가는 요셉을 하나님께서 그냥 둘 리 없다. 그 이름대로 승리하게 하신다. 명성을 주신다.

| 명성은 지키라고 있는 것이다

요셉은 자기에게 주어진 좋은 평판을 유지했다. 그럴 때 보디발 아내의 유혹도 이길 수 있었다. 힘들지만 주어진 명성을 유지하면 거기에 플러스 알파가 작용한다. 하나님의 함께 하심이 있다.

아쉽게도 이 땅의 성도에게 명성이 없다. 교회도 마찬가지다. 초대교회의 아성을 잃어버렸다. 한국 기독교의 명성이 땅에 떨어졌다.

여의사 머레이가 쓴 "내가 사랑한 조선"이란 책이 있다.

그 책에 보면 1920년대의 한국 기독교의 명성이 잘 그려져 있다. 함흥의 의료 선교사였던 그는 한국 교회의 명성에 감탄했다. 거의 모든 함흥 시민이 보는 가운데 매년 교회는 연합으로 기독교 퍼레이드를 했다.

시민들은 그 퍼레이드 때문에 11월의 매서운 바람 먼지가 눈, 코, 입에 들어가도 불평을 안 했다. 교회와 미션스쿨 그리고 기독병원의 성도, 학생, 직원들을 볼 때 그들의 헌신과 봉사를 기억했다. 그리고 하나 같이 감동을 받았다.

그 책을 읽는 나도 감동을 받았다. 명성은 지키라고 있는 것이다. 성도와 교회는 명성이 밥이다. 그 밥 먹고 살아야 한다. 던져 버리면 죽는다.

과거 '예수쟁이'라는 말에는 범접할 수 없는 거룩함이 배어 있었다. 멸시하고 터부시 하지만 도덕적으로는 존경했다. 헌신과 봉사에 감동했다. 그러나 지금은 사기꾼이나 발쟁이의 다른 이름으로 치부

할 정도가 되었다. 성도와 교회의 명성은 찬밥이 되었다.

그리스도의 몸 된 교회는 원래 명성이 있다. 합당한 명성을 유지할 때 즐겁고 행복할 수밖에 없다. 자존심 상한다. 성도의 명성을 지키자! 교회의 명성을 지키자!

| 주안교회의 명성 지킴이들

이강대 장로님은 청소하는 장로님이다.

다른 장로님도 청소하시나 이 분은 튄다.

토요일 오후에 교회 주변을 깨끗이 단장한다.

주일 이른 아침에 교회 앞마당을 윤이 나게 닦는다.

이 분에게는 교회당이 주님의 '옥체' 다.

그래서 교회 앞마당을 안방처럼 청소한다. 물을 뿌리고 또 뿌린다. 여름, 겨울 구별이 없다.

이 분의 명성은 교회를 넘는다. 교회 주민들의 곁눈질에 이미 포착되었다. 직원이 아닌, 그것도 교회의 장로가 그 정도 열심히 청소하는 것에 적잖이 놀란다.

사실 이 분은 선교에도 날렵한 손길을 보낸다. 네팔에 혼자 선교하신다. 몰래 하신다. 선교사들에게도 명성이 없을 수 없다.

의료 선교회도 명성이 있다. 부평 지하 2층에서 매 주일 봉사한다. 외국인 성도들은 의료 혜택에 약하다. 교회 의료 선교회에 많은 도움을 받는다. 평일에도 바쁜 의사들인데 주일날도 쉬지 않는다. 하루쯤 흰 가운을 벗고 싶을 텐데 그냥 열심히 봉사한다.

나는 외국인들과 친하다. 그분들에게 의료 선교회는 대단한 명성이다. 거기에 소속된 한 의사 집사님은 지역 봉사회에도 나가신다. 주안 의료인으로서 교회의 명성을 높인다.

다른 교회 단체들도 많은 봉사를 한다. 보이지 않는 이런 봉사들은 일일이 열거할 수 없을 정도다.

이미용 선교회, 여전도회, 남전도회 등 얼마나 교회 명성을 위해 노력하는지 모른다. 그래서 택시 운전사나 버스 기사들에게 좋은 교회를 추천하라면 주안교회를 집어 준다. 큰 교회이기 때문이기도 하지만 지역사회에 교회 명성이 있기 때문이다. 좋은 소문이 가득하다.

내가 교회에 있었던 근 십년의 세월 동안에 주안교회의 나쁜 소문을 들어 본 적이 없다. 그 만큼 소문에 민감한 교회다. 감사한 일이다. 이 명성을 지키려는 노력이 교인들에게 강하다.

그래서 더 역동적이다. 지역사회 일에, 사회 일에 발 벗고 나선다. 다른 많은 교회도 이런 명성이 있을 줄 안다. 교회마다 명성을 세우고 그 명성을 유지해야 한다.

성도의 얼굴에는 교회의 평판이 기록된다.

교회의 미래는 평판의 미래다. 작은 노력도 우습게 보지 말자.

로마는 하루아침에 세워지는 것이 아니다.

명성도 하루아침에 세워지지 않는다. 요셉의 명성이 즐겁다.

| '즐거운 교회 만들기' 프로젝트

'즐거움' 은 교회의 기초이다.

새가족이 교회에 등록하고, 계속 출석하려면 교회가 즐거워야 한다. 영적 희열이 있어야 한다. 교회는 원래부터 재미있는 곳이다. 그런데 사탄이 빼앗아 버렸다. 재미없는 교회가 경건한 것인 양 믿게 했다.

성도가 교회에 대하여 흥미를 잃어버렸다. 주일날만 맥 빠진 얼굴로 교회에 온다. 언제 끝나나 하고 시간만 본다. 예배가 끝나면 활기를 띤 얼굴로 교회를 박차고 나간다. 물론 예배 시간에 졸아서 피곤이 없어진 이유도 있겠다.

잃어버린 즐거움을 회복하자!

교회의 즐거움도 만들어 가는 것이다. 목회자와 중직자가 즐거워야 한다. 새가족도 즐거워야 한다. 저질 웃음이 판치는 가벼운 교회가 되자는 것이 아니다.

교회는 천국의 모형이다. 천국은 영적 즐거움이 충만한 곳이다. 따라서 교회도 영적 즐거움이 가득한 것이 당연하다. 그래서 즐거운 교회를 만들자는 것이다.

일명 '즐거운 교회 만들기 프로젝트' 다. 내 교회가 즐거운 교회가 되도록 나부터 노력하자는 것이다.

다행히 주안교회는 즐거운 교회다. 그러나 아직도 미완의 즐거움이다. 여전히 즐거운 교회로 나아가고 있는 중이다. 더 많은 성도가 즐거운 교회를 만들기 위해 노력해야 할 것이다. 즐거운 교회를 만들려는 노력이 조국 교회에 가득하기를 기도한다.

제2장 탁월한 교회

| 탁한 교회

나는 '탁' 씨다. 그래서 사춘기 때 별명이 있었다. 탁구공이다. 그래서 나는 탁구를 치지 않았다. '탁' 자가 들어가면 어색했다. 불편했다. 지금도 탁구는 치지 않는다.

얼마 전 태국의 전 총리 '탁신' 때문에 뜨끔하다. 한국 사람도 아니고 언어도 달라서 절대로 만날 일이 없다. 그런데도 이름이 비슷하기 때문에 신경이 쓰인다. 그게 사람인가 보다. 나와 비슷한 것이 조금이라도 있으면 한 번 더 생각하게 되는 것이 사실이다.

"탁하다"라는 형용사도 더 눈길을 끈다. '탁' 자가 들어가기 때문이다. 이 단어 뜻을 국어사전에서 찾아보니 "액체나 공기 따위가 맑지 못하고 흐리다"라고 정의한다. 부정적이다.

실례를 보면 더 뚜렷해진다.

탁한 공기, 탁한 냄새, 탁한 사람 등등. 얼마나 부정적인가! 그러나 나는 '탁한 교회'를 강조하고 싶다. 왜냐하면 교회의 머리 되신 예수님께서 탁한 분이시기 때문이다.

| 예수님은 탁하신 분

예수님은 탁하신 분이다. 마구간 태생이라 탁한 냄새 속에 태어나셨다.

그 정혼한 마리아와 함께 호적하러 올라가니 마리아가 이미 잉태되었더라 거기 있을 그 때에 해산할 날이 차서 맏아들을 낳아 강보로 싸서 구유에 뉘었으니 이는 사관에 있을 곳이 없음이러라(눅2:5-7).

마구간은 동물 냄새가 난다. 공기가 탁하다. 마구간의 주인이 나귀든 말이든 탁하다. 구유는 가축의 먹이통이다. 아무리 깨끗하게 닦았다 하더라도 냄새가 난다.

이 마구간을 찾은 사람들도 모두 탁한 사람들이었다. 목자들은 몇 개월 이상 양떼를 들에서 돌본다. 씻을 사이가 없다. 당연히 냄새가 난다.

천사들이 떠나 하늘로 올라가니 목자가 서로 말하되 이제 베들레헴까지 가서 주께서 우리에게 알리신바 이 이루어진 일을 보자하고 빨리 가서 마리아와 요셉과 구유에 누인 아기를 찾아서 보고 천사가 자기들에게 이 아기에 대하여 말한 것을 고하니 듣는 자가 다 목자의 말하는 일을 기이히 여기되 마리아는 이 모든 말을 마음에 지키어 생각하니라(눅 2:15~19).

동방 박사들은 예외였는가? 아니다. 그들도 땀 냄새를 풍겼다. 탁한 나그네였다. 1500킬로미터를 걸어왔다.

헤롯왕 때에 예수께서 유대 베들레헴에서 나시매 동방으로부터 박사

들이 예루살렘에 이르러 말하되(마 2:1).

사막을 가로지르고 광야에서 잠을 잤다. 돈이 있어도 물이 없었을 것이다. 이 사람들은 마구간의 탁한 냄새가 싫지 않았다. 오히려 부담이 없었을 것이다.

육신의 부모인 마리아와 요셉도 마구간이 불편하지 않았다. 자신들도 나사렛에서부터 베들레헴까지 오랜 시간 여행하는 나그네였다. 먼지 쓰며 행진했다. 땀 냄새가 진동했다. 탁한 냄새가 났다. 예수님은 처음부터 탁하게 시작하셨다.

천성이 탁한 예수님

사실 예수님은 천성도 혼탁하신 분이다. 신성과 인성이 혼합되셨다. 그래서 탁하신 분이다. 절대로 죄인이라는 말이 아니다. 죄는 조금도 없으시다. 그러나 하나님이시며 사람이라는 어정쩡한 신분 자체가 탁하다. 그래서 예수님의 그 모습을 보며 이사야는 "우리의 보기에 흠모할만한 아름다운 것이 없다"고 말씀했다.

이스라엘 사람들은 신성과 인성이 짬뽕이 되있다는 것을 이해할 수 없었다. 그래서 흠모할만한 아름다운 것이 없다고 했던 것이다. 탁하신데 어찌 아름답게 생각할 수 있는가!

예수님의 공생애를 보면 더 탁하시다.

제자들과 아무거나 먹고 아무데서나 주무셨다.

주안장로교회 청년들은 매년마다 무전 전도여행을 간다. 빈 주머니로 출발한다. 차비도 얻고, 먹을 것도 얻어먹는다. 참가한 청년들은 이 무전여행을 통해서 하나님을 전적으로 신뢰하게 된다. 밥 한 끼에 목숨 걸고 기도하게 된다. 눈물 흘리게 된다.

이미 예수님께서는 무전여행의 달인이시다. 있으면 먹고 없으면 안 먹는 생활이셨다. 누울 곳이 있으면 눕고 없으면 앉아서 밤을 새셨을 것이다. 그것이 주님의 생활이었다. 그렇게 전도 현장을 벗어난 적이 없으셨다. 주변에 탁한 냄새가 진동하셨다.

| 탁함의 절정

십자가 위에서는 어떠하셨는가?

땀내와 피비린내가 풍겼다. 입에서는 단내가 나셨다.

마태복음 27:46에서는 "왜 나를 버리셨습니까!" 하고 절규하셨다. 그만큼 힘들고 어려웠던 것을 대변한다.

탁함의 절정은 무덤이다.

저물었을 때에 아리마대의 부자 요셉이라 하는 사람이 왔으니 그도 예수의 제자라

빌라도에게 가서 예수의 시체를 달라 하니 이에 빌라도가 내주라 명령하거늘 요셉이 시체를 가져다가 깨끗한 세마포로 싸서 바위 속에 판 자기 새 무덤에 넣어 두고 큰 돌을 굴려 무덤 문에 놓고 가니(마 27:57~60).

아리마대 요셉이 아무리 깨끗한 세마포로 예수님의 시신을 장사 지냈다 해도 무덤은 무덤이다.

얼마나 탁했을까?

그곳에서 3일을 계셨다.

마태복음 25장을 보면 예수님은 자신이 탁한 분임을 직접 강조하신다.

그 때에 임금이 그 오른편에 있는 자들에게 이르시되 내 아버지께 복 받을 자들이여 나아와 창세로부터 너희를 위하여 예비 된 나라를 상속하라

내가 주릴 때에 너희가 먹을 것을 주었고 목마를 때에 마시게 하였고 나그네 되었을 때에 영접하였고 벗었을 때에 옷을 입혔고 병들었을 때에 돌아보았고 옥에 갇혔을 때에 와서 보았느니라

이에 의인들이 대답하여 가로되 주여 우리가 어느 때에 주의 주리신 것을 보고 공궤하였으며 목마르신 것을 보고 마시게 하였나이까

어느 때에 나그네 되신 것을 보고 영접하였으며 벗으신 것을 보고 옷 입혔나이까

어느 때에 병드신 것이나 옥에 갇히신 것을 보고 가서 뵈었나이까 하리니

임금이 대답하여 가라사대 내가 진실로 너희에게 이르노니 너희가 여기 내 형제

중에 지극히 작은 자 하나에게 한 것이 곧 내게 한 것이니라 하시고(마 25:34~40).

배고픈 자, 목마른 자, 나그네가 당신이시며, 벗은 자, 병든 자, 옥에 갇힌 자가 예수님이시란다. 모두 역겨운 냄새가 나는 자들이다. 작은 자는 탁한 사람이다.

바울도 성도가 탁해야 함을 강조했다. 그에 따르면 성도는 군인, 경기자, 농부이다.

네가 그리스도 예수의 좋은 군사로 나와 함께 고난을 받을찌니
군사로 다니는 자는 자기 생활에 얽매이는 자가 하나도 없나니 이는 군사로 모집한 자를 기쁘게 하려 함이라
경기하는 자가 법대로 경기하지 아니하면 면류관을 얻지 못할 것이며
수고하는 농부가 곡식을 먼저 받는 것이 마땅하니라(딤후 2:3-6).

그런데 그냥 군인이 아니라 고난을 받는 군인, 그냥 경기자가 아니라 법대로 경기하는 경기자, 그냥 농부가 아니라 수고하는 농부라고 강조한다.

모두 자기 맡은 일에 최선을 다하는 사람들이다.

그래서 땀 냄새가 나는 사람들이다.

모두 탁한 부류다.

열심히 일한 당신, 떠나라

한동안 이 광고 문구가 인기였다. 이 카피Copy를 생각하면 나는 여전히 출애굽기의 이스라엘 백성이 떠오른다. 그들만큼 떠날 이유가 충분한 사람들이 있을까?

애굽에서 열심히 일했다. 요샛말로 노가다였다. 힘들었다. 그런데 무전無錢노동이다. 애굽인의 몸종이기 때문이다.

하나님은 모세를 통해 "떠나라" 말씀하셨다. 해방을 선언하셨다.

그래서 출애굽기는 '진군'의 책이다. '나아감'을 강조한다.

출애굽기의 나아감은 독특하다. 약 200만 명이 한꺼번에 출발했다. 그리고 목적지도 예사롭지 않다. 젖과 꿀이 흐르는 가나안 땅이 아니다. 광야 시내산이다. 출애굽기의 목적지는 분명 메마른 땅에 우뚝 솟은 산이다. 거기서 하나님 섬기는 법을 철저히 가르쳐주신다.

무엇을 의미하는가?

이스라엘에게 가장 중요한 것은 육신의 풍요로움이 아니라는 것이다. 가장 필요한 것은 하나님과의 깊은 교제다. 그것이 되어야 가나안이 즐겁다.

그런데 이스라엘 사람들은 바로 가나안으로 가길 원했다. 그래서 시내산에 올라 더디 내려오는 모세에게 분노했다. 그리고 금송아지를 만들었다. 그것을 섬겼다. 이 목이 곧은 백성에게 하나님은 치를 떠신다. 그리고 그렇게 원하는 가나안 땅으로 빨리 가보라고 말씀하신다.

여호와께서 모세에게 이르시되 너는 네가 애굽 땅에서 인도하여 낸 백성과 함께 여기서 떠나서 내가 아브라함과 이삭과 야곱에게 맹세하기를 네 자손에게 주마 한 그 땅으로 올라가라

내가 사자를 네 앞서 보내어 가나안 사람과 아모리 사람과 헷 사람과 브리스 사람과 히위 사람과 여부스 사람을 쫓아내고 너희로 젖과 꿀이 흐르는 땅에 이르게 하려니와 나는 너희와 함께 올라가지 아니하리니 너희는 목이 곧은 백성인즉 내가 중로에서 너희를 진멸할까 염려함이니라 하시니(출 33:1~3).

하나님은 대신에 동행을 거부하신다. 즉 이스라엘 백성들과 하나님은 목적지가 달랐다. 달라도 너무 달랐다.

하나님은 시내산이 1차 목적지였다.

가나안은 2차 목적지다. 즉 시내산 경유를 무척 중요하게 생각하셨다.

그러나 이스라엘 백성들은 오직 가나안만이 목적지였다. 시내산은 없다. 빨리 가나안에 도달하고 싶었다. 그것이 문제였다. 하나님과의 친밀한 교제 없이 육적 풍요는 아무 의미가 없다.

교회는 전진한다.

목적지가 어디인가? 하나님과의 깊은 교제다. 그것이 시내산이다. 거기를 경유해야만 가나안이 있다.

광야 시내산은 탁한 곳이다. 그러나 하나님의 목적지니 영적으로는 너무나 정한 곳이다. 모세가 처음 출애굽 소명을 받은 떨기나무

주변처럼 말이다. 거룩한 땅이라 신을 벗을 지경이다.

이곳이 탁월한 교회의 목적지다.

| 못 먹어도 고Go!

노예 생활하던 이스라엘 백성은 떠나는 것이 중요했다. 자유의 진군이다. 못 먹어도 고해야 할 처지다.

그러나 하나님은 그냥 보내지 않으셨다. 든든하게 먹이시고 출애굽시키셨다. 양 고기를 주셨다. "허리에 띠를 띠고 발에 신을 신고 손에 지팡이를 잡고" 급히 먹었다.

너희는 그것을 이렇게 먹을지니 허리에 띠를 띠고 발에 신을 신고 손에 지팡이를 잡고 급히 먹으라 이것이 여호와의 유월절이니라(출 12:11).

떠날 준비를 하고 긴장하며 먹으라는 것이다.

나도 그와 비슷하게 먹어 본 적이 있다. 군대 생활 중에 그랬다. 훈련 전, 출동 대기 명령이 내리면 온 부대원이 완전무장하고 모여서 기다린다. 대대장이 명령할 때까지 마냥 기다린다. 식사도 불편하게 그 자리에서 먹는다. 오직 진군이 중요하기 때문이다.

이스라엘 백성도 오직 진군이 중요하기 때문에 긴장하게 하신 것이다. 그래서 출애굽기의 동사는 'Go' 다.

| 중다한 잡족, 중다한 잡종

그런데 이스라엘 백성의 출애굽 출발을 보면 아주 탁한 장면이 있다. "중다한 잡족"이 함께 출발했다는 것이다.

> 이스라엘 자손이 라암셋에서 발행하여 숙곳에 이르니 유아 외에 보행하는 장정이 육십만 가량이요 중다한 잡족과 양과 소와 심히 많은 생축이 그들과 함께하였으며(출 12:37~38).

중다한 잡족은 이방인을 의미한다. 즉 수많은 외국인이 이스라엘 백성과 함께 출애굽 했다는 것이다. 너무나 역사적인 출애굽 사건에 흑인도 있었고 백인도 있었고 황인도 있었다는 것이다.

그것을 성경은 잡족으로 표현했다.

말 그대로 잡종이다. 얼마나 탁한가!

하나님은 그들에게 관심이 있으셨다. 순종, 이스라엘만 사랑하셨다면 그 사람들만 출애굽해야 했다.

그러나 하나님은 잡종(?)도 사랑하셨다. 광야의 시내산 체험도 이들에게 허락되었다. 그것이 하나님 마음이다.

그래서 요나를 니느웨 성에 보냈다.

시간이 흘러 복음이 이 한반도까지 이르렀다. 모든 사람을 사랑하는 하나님의 은혜다.

교회는 탁해야 한다. 색깔도 탁해야 한다. 한국 사람도 있고 외국인도 있어야 한다.

좋은 교회는 탁한 교회다. 탁한 교회가 탁월한 교회이다.

탁한 교회, 주안교회

주안교회는 전도 때문에 유명하다.

이미 많은 주안교회 전도서적들이 출판되었다. 그래서 여기서는 짧게 '전도'에 대하여 단 한 가지만 이야기하고자 한다.

사실 전도를 많이 하면 교회는 탁해진다.

왜 그런가? 고유한 교회 분위기가 변색되기 때문이다.

예를 들어보자.

점잖은 교회에 너무 활발한 새가족들이 출석하면 어떻게 될까?

분위기가 이상해진다.

점잖은 예배(?)가 시끄러워진다. 그것을 포용해줘야 하는데 기존 성도는 싫어할 수도 있다. 만일 그 새가족들이 계속 교회를 다닌다면 과거와는 다른 분위기가 될 것이다. 이것이 탁한 것이다. 그래서 어떤 교회는 전도를 싫어한다. 전도하는 교회가 탁한 교회다.

주안장로교회는 전도만큼 세계선교를 열망한다. 그래서 구 성전인 주안 성전의 지붕을 일찍이 돔 모양으로 만들었다. 지구를 상징하며 선교의 열정을 표시하기 위해서다.

신 성전인 부평 성전의 지붕도 비슷하다. 노아의 방주와 종려나무 잎사귀를 상징해서 지었다. 그것 역시 선교의 열정을 나타낸다. 바로 열방을 향한 하나님의 마음이다.

그래서 외국인들이 많다. 식당 한쪽에는 아예 외국인을 위한 전용 카페테리아를 만들었다. 교회가 잡족화 되는 것이다. 탁한 교회가 된다. 얼마나 감사할 일인가!

주안교회의 비전은 국내 선교뿐 아니라 해외에 3,000명의 선교사를 파송하는 것이다.

3,000명의 선교사를 파송하는 방법은 여러 가지가 있을 수 있다. 선교훈련을 받고 선교에 헌신한 목회자 선교사를 파송하는 방법이 있다. 교인을 전문인 선교사로 훈련, 파송하는 방법도 있을 수 있다.

그러나 또 한 가지 중요한 방법은 현지인들을 파송하는 것이다.

이미 기독교인이 된 현지인을 국내로 불러들여 훈련시킨다. 그런 후에 다시 현지에 재파송하는 것이다.

이미 이렇게 하고 있는 교회와 교단이 있다. 모교인 장로회 신학대학도 그렇게 하고 있다. 전액 장학금을 주고 교육시킨다. 정말 좋은 방법이다.

내가 학교 다닐 때 많은 외국인들이 있었다. 그들과 친하게 지냈다. 너무 친해서 그분들 중 한 분의 나라인 케냐까지 놀러 가기도 했다. 그 때 기억이 새롭다.

또 무슨 방법이 있는가?

현재 국내에 있는 외국인 근로자들을 훈련하여 선교하는 방법도 있다. 주안교회는 전략적으로 이 일에 헌신한다. 탁월한 방법이다.

한국에는 외국인 근로자들이 많다. 그들을 교회로 끌어들이는 사역도 놀라운 선교전략이다. 주안교회는 인천에 있다. 많은 공단도 인천에 있다. 자연스럽게 외국인들이 전도 대상이 되었고 외국인 선교국이 생긴 것이다.

아! 외국인 선교국

1996년 9월, 한 명의 몽골 외국인 근로자가 눈에 들어왔다. 성경공부를 하면 좋겠다고 생각할 정도로 신실했다. 예배 후 개인 교습이 시작되었다. 주안교회의 외국인 선교사역은 그렇게 시작되었다.

김은덕 집사님 부부는 바로 그 때 외국인 선교국 자원봉사자로 헌신했다. 외국인들을 전도하기 위해서 인천공단 지역에 야간에 출근했다. 형사처럼 공단 전화박스에 잠복근무했다. 그 당시에는 핸드폰도 거의 없었다. 외국인들은 국제 전화카드를 사서 주로 근무 후에 고국에 전화를 한다. 그것을 이용했던 것이다.

전도 후에는 외국인 심방을 했다. 하루에 두 사람 내지 세 사람 정도 심방했다. 새벽 1시까지 이런 강행군이 계속 되었다. 어린 두 자녀는 불돈 집에 방지했다. 그랬더니 수님이 자지하셨다. 알아서 놀봐 주셨다.

두 아이 다 장성해서 청년부의 큰 일꾼이 되었다. 둘 다 선교에 관심이 있다. 이미 여러 번 단기선교를 다녀왔다. 부모를 통해서 자연스럽게 선교에 눈을 돌린 것이다. 탁한 선교를 했더니 탁월한 가정이 되게 하셨다. 외국인 선교국은 이런 가정의 헌신으로 날로 강성해졌다.

2009년 현재 매주 300여 명의 외국인들이 각 나라의 사역자를 중심으로 자국어 예배를 드린다. 이제까지 선교라고 하면, 선교사를 해외에 파송하여 복음을 피선교지에 전하는 것이었다.

그러나 선교사를 해외 선교지에 파송하지 않고, 국내에서 다른 민족에게 복음을 전하고 선포할 수 있다. 일꾼을 세울 수 있다.

이미 여러 교회에서 관심을 가지고 있는 줄 안다. 고무적인 일이다. 주안교회도 이 일에 일찍부터 헌신했다. 지금은 큰 선교의 어장이 되었다.

외국인 노동자를 위해서 기도하자. 주님이 전도하라고 붙여주신 영혼들이다. 선교하라고 보내주신 자원들이다. 나 역시도 그들을 섬길 수 있어서 감사하다.

2009년 6월 현재 205명의 외국인들이 세례를 받았다. 1999년 1기로 시작된 외국인 제자 훈련학교와 일대일 양육을 통해서 이루어진 결과다. 지금은 이들을 하나님의 제자들로 양육하여 각 국의 선교사들과 연결시키는 일에 주력하고 있다. 일명 '주안 네트워크' 다. 그래서 끝내 그들이 본국의 선교사들이 되었으면 좋겠다.

이것이 주안교회 외국인 선교국의 목표다. 신실하신 하나님께서는 외국인 선교국의 사역과 기도에 응답하고 계신다. 참으로 요원하게 여겨졌던 일들이 열매를 맺고 있다.

주안교회에서 복음을 접하고 성장한 몇 명의 외국인 형제는 신학생들이 되었다. 한국과 본국에서 공부하고 있다. 네팔인 한 형제는 한국에서 7년 동안 어렵게 모은 돈으로 땅을 샀다. 교회를 짓기 위해서였다. 그래서 네팔 부뚜왈 주안교회가 창립되었다.

네팔이 어떤 나라인가? 전통적인 힌두교 왕국이다. 불교 성장지요 기독교 불모지다. 이런 곳에 하나님은 네팔 현지인을 한국에 보내심으로 교회를 세우도록 하셨다. 하나님의 은혜다.

또 베트남 교회가 연수구 선학동에 예배처소를 마련했다. 자체적으로 예배와 전도사역을 담당하고 있다. 완전한 자립을 준비 중이다. 또한 주안교회 부평 성전에서 네팔, 러시아 및 중앙아시아, 몽골, 영어권, 중국, 태국, 파키스탄, 인도네시아 등의 예배를 드리고 있다. 자국 교역자들이 자국민에게 자국의 언어로 예배를 드리는 것이다. 외국인 1명과 몇몇 봉사자 가족이 시작한 외국인 선교국이라고는 믿기지 않는다. 눈물과 땀방울로 나갈 때 하나님이 역사하셨다.

외국인 선교국을 생각할 때 꼭 아른거리는 얼굴들이 있다. 두 분의 목사님이시다. 이 분들도 헌신의 사명자다. 백성삼 목사님과 성인수 목사님이시다. 모두 외국인 선교국을 담당하셨던 전임자들이다.

백 목사님은 선교의 열정을 고스란히 간직하신 채 파주에서 세계선교교회를 담임하신다. 외국인들을 너무 잘 품어주셨다. 기초를 다

져주셨다.

정연수 목사님은 외국인들 사역의 장을 넓혀 주신 큰 손이다. 그래서 손(?)도 컸다. 너무 열심히 뛰어다니다 본인의 치아가 많이 상했다. 누적된 피곤 때문에 풍치가 생겼고 소중한 치아를 몇 개나 뽑아야 했다. 내가 금니를 해줄 수 없지만, 주님께서는 금 면류관을 주시리라!

일반 선교사들의 입국을 막고 제한하는 나라가 아직도 많다. 하나님은 그런 나라의 백성들을 한국으로 보내신다.

이유가 무엇일까? 세계 복음화가 매우 시급하기 때문이다.

그러므로 한국에 체류하고 있는 외국인들에게 눈을 돌리고 사랑해야 한다. 국내에 거주하는 외국인들을 섬기는 것은 탁한 교회가 되기 위한 지름길이다.

우리 주변에는 소외된 사람들이 많다. 이주 노동자들 외에도 장애인, 무의탁 노인 등 관심 가져 주어야 할 분들이 꽤 된다. 이 분들이 교회에 와야 탁한 교회가 된다. 조국 교회가 탁해서 탁월해지기를 기도한다.

제3장 믿음의 교회

움켜줘라

인생은 빈손으로 왔다가 빈손으로 간다고 한다. 일리 있는 말이다.

그러나 꼭 맞는 말은 아니다.

나는 인생은 든손으로 왔다가 든손으로 간다고 생각한다. 사람은 알건 모르건 하나님의 사랑과 은혜를 움켜쥐고 이 땅에 태어난다. 짐승이 아니라 사람으로 태어났다는 것 자체가 축복이다. 하나님의 형상을 닮은 사람이다. 축복을 움켜쥐고 태어났다.

이 땅을 떠날 때도 빈손으로 떠나지 않는다. 사람들의 인정을 움켜쥐고 떠난다. 어떤 이는 생명을 움켜쥐고 천국에 간다. 어떤 이는 사망을 움켜쥐고 지옥에 간다. 보이지 않기 때문에 빈손이라고 하는 것이다. 그러나 더 자세히 보면 든손이다.

또 들고 가는 것이 있다. 이름이다.

호랑이는 죽어서 가죽을 남기고, 사람은 죽어서 이름을 남긴다고 하지 않는가! 죽을 때도 이 이름을 꼭 쥐고 간다. 사람들이 그 이름을 쥐고 갔기 때문에 평가 받는다.

나의 아버지는 일찍 돌아가셨다. 돌아가실 때 이름을 움켜쥐고 가셨기 때문에 내 어머니는 20년이 넘은 지금도 아버지에 대한 평가를 하신다. 돌아가셨지만 그 이름은 아직도 아버지 손에 쥐어 있다.

사람은 이 땅을 살아갈 때에도 무엇이든지 움켜쥐려는 본능이 있다. 꼭 보이는 것만을 움켜쥐지 않는다. 보이지 않는 것, 명예, 지위 같은 것을 가지려 한다. 그것이 과해서 문제지 움켜쥐는 것 자체는 나쁘지 않다. 선악과 같은 것을 움켜쥐어서 문제지 다른 과일을 움켜쥔 하와와 아담이 무엇이 문제인가?

나는 이 빈손이 아닌, 든손 본능이 하나님의 모습이라 생각한다. 하나님께서는 지독히도 빈손을 싫어하신다. 인간의 손을 잡으시려 하셨고 그 손이 사랑으로 가득 차셨기 때문에 인간에게 나누어주려 하신 것이다.

아버지 하나님은 아들 하나님과 성령 하나님의 손을 꼭 잡으신다. 아들 하나님은 아버지 하나님과 성령 하나님의 손을 역시 잡으신다. 성령 하나님도 마찬가지다. 삼위일체는 든손 본능을 가지신 하나님을 정확하게 가르쳐준다.

레위기는 예배의 책이다.

그러나 정확히 말하면 예배자의 책이다.

빈손 인생은 예배자가 될 수 없다는 것을 지적한다.

든손 인생만이 참된 예배자가 될 수 있다.

예배드리기 위해서 움켜쥐어야 한다

'드리다' 라는 단어가 레위기에 76번이나 나온다. 이 '드리다' 의 원어를 보면 '가지고 오다' 이다. 즉 움켜쥐고 오라는 것이다. 보물처럼 가지고 오라는 것이다.

예배에 대한 힌트를 얻을 수 있다. 잘 드리는 예배는 하나님이 원하시는 것을 움켜쥔 채 가져와야 한다. 잘 드리는 예배는 든손 예배를 드리면 된다. 움켜쥐어야 참된 예배자가 될 수 있다.

무엇을 움켜쥐어야 하는가? '삼성' 三聖을 움켜쥐어야 한다. 즉 성물주의, 성인주의 그리고 성혈주의가 그것이다.

성물주의

첫째는, 성물주의다.

옛날 제사를 지낼 때는 소를 끌고 와야 하고, 수양이나 수염소, 비둘기 같은 것을 가져와야 했다. 때에 따라서는 곡식 가루도 가져왔다. 물론 그 때는 함께 볶을 기름이나 유향도 가져온다.

과거 예배자는 자기 주변의 가축들과 곡식들을 주의 깊게 살핀다. 어떤 소나 양이 흠이 없는가? 제물에 적합한가를 살핀다. 그리고 낙점한다. 그것을 끌고 제사, 즉 예배를 드린다. 따라서 자신이 가진 소유물을 예사로 보지 않는다. 하나님과 연관하여 생각한다.

그것이 성물주의다. 거룩한 물건이나. 언세든시 하나님께 느려실 수 있는 것이기에 귀하다.

지금은 이런 세물을 직접 가셔 오시 않는다. 그러나 지금도 빈손으로 드리는 참 예배는 없다. 헌금을 가져 온다. 그것이 헌물이다. 이것이 예배의 기본이다. 돈이 얼마나 중요한가! 무엇보다 하나님께 바쳐질 성물이다.

돈 쓰는 일 자체에 주의를 기울여야 하는 이유다. 아끼는 것은 당연한 일이고 주의하며 사용해야 한다. 그것이 성물주의다. 이러한 생각이 자리 잡을 때 진정한 예배자가 될 수 있다.

성인주의

둘째는, 성인주의이다.

그것을 움켜쥐어야 한다. 내가 거룩한 사람이라는 의식이다. 거룩한 자기 자신을 예배에 가져와야 한다. 거룩한 사람이 되기 위해 먹는 것도 구별해야 한다.

이스라엘 자손에게 고하여 이르라 육지 모든 짐승 중 너희의 먹을만한 생물은 이러하니

짐승 중 무릇 굽이 갈라져 쪽발이 되고 새김질하는 것은 너희가 먹되

새김질하는 것이나 굽이 갈라진 짐승 중에도 너희가 먹지 못할 것은 이러하니

약대는 새김질은 하되 굽이 갈라지지 아니하였으므로 너희에게 부정하고

사반도 새김질은 하되 굽이 갈라지지 아니하였으므로 너희에게 부정하고

토끼도 새김질은 하되 굽이 갈라지지 아니하였으므로 너희에게 부정하고

돼지는 굽이 갈라져 쪽발이로되 새김질을 못하므로 너희에게 부정하니

너희는 이 고기를 먹지 말고 그 주검도 만지지 말라 이것들은 너희에게 부정하니라(레 11:2~8).

약대, 너구리, 토끼, 돼지, 독수리, 박쥐, 황새, 쥐, 도마뱀이 모두 부정하다. 들에 죽어 있는 짐승도 건들지 말라는 것이다.

이렇게 먹는 것까지도 구별해서, 거룩한 자신을 가져 와야 한다. 우리는 성도이다. 거룩한 사람이라는 의미다.

공영방송에 '사람 잡는 사이비 교회' 라는 제목으로 한 프로그램이 방영되었다. 어떤 집사가 귀신을 쫓는다는 이유로 같이 기도하는 교인들을 때렸다.

그 중에 한 사람이 죽었다. 그 사람 시신을 한쪽 방에 방치했다. 그리고 15일 동안 아무 일이 없는 듯이 생활했다. 전혀 마음에 죄책감도 없었다. 너무도 비윤리적인 일들을 저질렀는데도 마음에 거리낌이 없다.

그것은 성도의 모습이 아니다.

거룩한 사람이라는 의미는 사회의 윤리와 도덕을 지킨다는 의미도 있다. 남에게 해를 입히는 일 자체가 성도에게는 있어서는 안 될 일이다.

내가 거룩한 사람으로 구별되게 살아야 하는 것이 예배자의 자세이다. 성인수의를 움켜쥐자.

| 성혈주의

셋째는, 성혈주의를 움켜쥐어야 한다.

예수 그리스도의 보혈을 가져와야 한다. 구약의 제사는 다 없어졌다. 이유는 무엇인가? 예수님의 피 때문이다. 그 주님의 흘리신 피가 예배의 제물이 되었다. 그래서 모든 예배에 주님의 보혈을 가져와야 한다. 그렇지 않으면 참된 예배가 되지 않는다.

예배 때마다 그토록 예수님을 많이 찾는 이유가 여기에 있다. 매사에 주님의 보혈을 생각하는 것이 성혈주의다.

인생은 든손으로 왔다가 든손으로 간다. 올바른 것을 쥐기 위해서 빈손이 될 필요가 있다. 나만을 위하는 재물을 버려 빈손이 된다. 그 손에 하나님을 위하는 성물을 채워야 한다. 그것이 성물주의다.

거룩하게 살라. 그것이 성인주의다.

주님의 보혈을 움켜쥐라. 성혈주의이다.

쓸 데 없는 것을 버리고 이 세 가지를 움켜쥘 때 우리는 비로소 참된 예배자가 될 수 있다.

| 예배 집중의 능력

주안교회는 저녁 예배를 고수한다. 저녁 7시에 드린다. 보통 9시에 끝난다. 가끔 일찍 끝나면 이상하다. 적응이 안 된다. 평균 2시간 예배다. 그래도 예배 참여율이 높다. 주일을 예배로서 마무리하려는 성도들이 참 많다. 예배 집중도도 높다.

저녁 예배는 외부 강사가 많이 온다.

담임목사님은 강사분들께 1시간 이상의 설교를 주문하신다. 그러면 대부분 강사분들이 놀란다. 저녁예배 드리지 않는 곳도 많은데 긴 저녁 예배를 주문하니 말이다.

나는 이런 긴 예배가 주안교회의 힘이라고 믿는다. 꼭 긴 예배가 은혜로운 것은 아니다. 그렇다고 짧은 예배가 꼭 은혜로운 것도 아니다. 은혜는 예배에 집중할 수 있는 능력에 달렸다. 은혜로운 예배는 집중되는 예배다. 산만해지지 않으면서 긴 시간 예배를 드릴 수 있다면 그것만큼 좋은 예배는 없다.

예배를 사모하며 큰 은혜를 받는 성도들을 수없이 만난다. 이 예배 집중의 능력 때문에 예배는 역동적이다.

그런 면에서 주안교회의 예배는 '동사형' 이다. 전옥표씨가 '동사형 인간' 이라는 책을 썼는데 예배도 동사형 예배가 있다. 사람만 동사형 인간이 있는 것이 아니다. 예배도 동사형 예배가 있다.

동사형 예배라는 것은 무엇을 의미하는가? 역동적인 예배라는 것이다. 생활할 때는 하나님이 주연이고, 사람은 조연이다. 조연인생에 대해서는 이식을 설명할 때 자세히 이야기했다. 하나님이 주연이고 사람은 조연이다. 불변의 진리다.

그러나 예배 때만은 주연 자리가 다르다. 우리가 주연이다. 하나님이 조연이며 청중이시다. 대표적인 예배에 대한 성구를 살펴보자.

하나님은 영이시니 예배하는 자가 신령과 진정으로 예배할지니라(요 4:23).

신령은 성령의 인도를 뜻한다. 진정은 진리를 사모하는 마음을 의미한다.

누가 진리를 사모하는 마음을 가지는가? 예배자다. 사람이다. 성령 하나님의 도와주심으로 우리가 예배드리는 것이다. 예배만은 우리가 주연이고 하나님이 조연이시다. 청중이시다. 이러한 사실은 더 명확한 예배 장면을 통해서 확인할 수 있다.

이십사 장로들이 보좌에 앉으신 이 앞에 엎드려 세세토록 사시는 이에게 경배하고 자기의 면류관을 보좌 앞에 던지며 가로되

우리 주 하나님이여 영광과 존귀와 능력을 받으시는 것이 합당하오니 주께서 만물을 지으신지라 만물이 주의 뜻대로 있었고 또 지으심을 받았나이다 하더라(계 4:10~11).

천국의 예배 장면이다. 누가 예배드리는가? 이십사 장로들이다. 그들은 구원 받은 성도들의 대표다. 그들이 하나님 앞에 예배드린다. 하나님은 보좌에 앉아 계신다. 예배의 주연은 성도라는 것을 말한다. 하나님은 청중이다.

따라서 예배는 동사형이다. 예배 집례자는 마에스트로에 불과하

다. 베토벤 바이러스의 강마에다. 함께 장단을 잘 맞도록 하는 지휘자다.

실제로 예배드리는 자는 청중이다. 예배드리면서 내 마음이 들썩이고 내 손과 발이 들썩이며 내 입술이 들썩여야 한다. 성령 하나님은 조연으로서 더 마음이 움직이도록 하신다. 그것이 예배다. 역동적인 예배다.

주안교회는 이 부분에서 드높다. 예배가 뜨겁다. 장로교 예배 같지가 않다. '아멘소리'가 우렁차고 '할렐루야'가 끊이지 않는다. 처음에는 이것이 부담이었다. 지금도 약간은 부담이다.

그러나 예배는 개인의 열정과 감동이 없으면 이미 예배가 아니다. 무대에 서 있는 연기자가 어찌 혼신의 힘을 다하지 않는단 말인가! 나는 이런 면에서 예배는 쇼라고 생각한다. 무대가 역동적이면 역동적일수록 청중의 마음을 사로잡는다. 하나님 마음을 잡는 예배는 역동적일 수밖에 없다. 하나님께 영광을 돌리는 것이고, 하나님을 직접 섬기는 일이다. 얼마나 가슴 뛰는 일인가!

| 복의 키워드, 예배

예배와 믿음은 찰떡처럼 붙어있다. 예배에 참여하는 횟수가 늘수록 믿음도 근육이 붙는다. 믿음의 교회라는 의미는 예배 중심의 교회라는 뜻이다. 성물, 성인 그리고 성혈은 철저히 예배 때문에 생긴 단어다.

예배 중심으로 살면 생활이 믿음으로 흘러간다. 자력이 있기 때문이다. 예배와 믿음이 찰싹 달라붙기 때문이다. 만일 예배 중심으로 사는데 믿음이 성장하지 않는다면, 그것이야말로 기적이다. 참된 예배를 드리지 못했기 때문이다. 성물, 성인 그리고 성혈을 붙잡고 예배한다면 그럴 수가 없다.

그래서 예배는 복의 키워드다. 아니 예배 자체가 복이다. 예배드리다가 복 받은 사람이 한 둘이 아니다. 복 받기 위해서 예배드리는 것은 아니지만, 확실히 예배를 잘 드리면 복을 주신다. 영적 복을 가득 받는다. 육적 복도 덤으로 받는다.

김석정 권사님은 1981년도부터 예수를 믿었다. 이분도 독실한 불교 신자였다. 처음엔 남편의 사업이 실패해서 예수를 믿기 시작했다. 사업 좀 잘 되도록 빌기(?) 위해서다.

그러나 예배에 참여하면서 그런 기도는 내려놓게 되었다. 그냥 맡기고 영적인 믿음 성장과 가정의 구원을 위해서 기도했다.

"이상하게 초신자 때부터 예배를 사모하는 마음을 주셨어요."

누차 예배 때문에 복 받았다고 말씀하신다. 찬양이 좋고 설교가 은혜로웠다. 목사님이 설교하실 때마다 그 말씀이 마음에 못처럼 박혔다. 그래서 처음에는 여러 가지가 양심의 가책이 되어 울었다. 아멘, 아멘 화답했다.

그 때부터 가정의 일들이 제자리를 찾기 시작했다. 남편의 사업이 좋아졌다. 좋은 사업의 동반자들이 생겼다.

2년 뒤인 1983년에는 남편도 예배에 참여하기 시작했다. 하지만 시댁이나 친정은 계속 절에 다녀서 많은 핍박이 있었다. 그래도 계속 예배를 통해서 믿음이 성장했다. 찬양과 말씀으로 새 힘을 얻고, 말씀 가운데 성령의 인도를 경험했다.

"그렇게 예배 중심으로 10년 정도 지냈는데 돌아보니 놀라운 일들이 벌어져 있었더라고요. 남편이 건축공사 쪽 일을 했는데 한 현장의 일이 끝나면 그 다음 현장이 이어지고, 또 한 현장의 일이 끝나면 그 다음 현장이 이어지고, 그렇게 거의 5년을 연달아 일이 끊이지 않았어요. 5년 후에는 현장을 한번에 3~4군데씩 한꺼번에 하게 되는 축복을 많이 받았습니다. 성경에서는 30배, 60배, 100배의 복을 주셨다고 말씀 하셨는데 저희는 한 500배, 1000배는 받은 것 같습니다."

특별한 기도원 집회를 참여한 것이 아니다. 주일 예배를 중심으로 공예배에 집중했더니 하나님께서 복을 주신 일례다.

집필을 위해 많은 성도를 만났다. 유심히 관찰했다.

주안교회에 다니는 리더 중 많은 분들의 가정 배경이 불교였다. 독실한(?) 가정이다. 친정이 그렇지 않으면 시댁이 그렇다.

이 분들이 어떻게 리더가 되있는가? 예배를 통해서다. 한결 같이 밀했다. 역동적인 예배가 저늘을 확 바꿨다. 예배 파워가 믿음의 파워다.

이런 간증이 풍성하다. 믿음은 예배의 열매가 맞다.

제4장 내일의 교회

민수기는 '가져줌'이 핵심 단어다.

무엇을 가져주는가? 신앙이다.

누구에게 준다는 말인가? 다음 세대다.

구세대와 굿세대에 대한 차이점에서 "내일의 교회"를 이야기 하자.

구세대와 굿세대

민수기에는 구세대와 굿Good세대가 나온다. 우리말에 '구관이 명관'이라 했는데, 민수기는 구관은 망한다고 말한다. 나이가 많다고 구세대가 절대 아니다.

그런데 영향은 있다. 나이가 들면 젊을 때보다 느긋해진다. 사물을 좀 더 객관적으로 볼 수 있다. 그래서 사십을 불혹이라 했다. 흔들림이 없다. 한 번 생각하고 두 번 생각한다. 신중하다. 좋은 태도인데, 부정적인 부분도 있다. 변화에 느리다.

장년들은 비교적 믿기가 어렵다. 학생들이나 청년들은 쉽게 믿고 생각을 바꾼다. 어른들은 그렇지 않다.

아이들은 여름 성경학교 4일이면 변화된다. 뒤집어진다. 그 시간이면 예수 그리스도를 구주로 영접한다. 뿐만 아니라 방언도 한다.

나는 중학교 2학년 때부터 교회학교 반사 생활을 했다. 10년 넘게 했다. 그래서 그런 아이들을 많이 봤다.

주안교회 교육 전도사 시절에도 초등학교 아이들이 밤새워 기도하는 것을 목격했다. 방언도 받는다. 중학교 1학년 아이도 자기 죄 때문에 눈물, 콧물 범벅이 된다. 바닥을 뒹군다.

그런데 어른들은 일주일 부흥회를 참석해도 변화가 별로 없다. 냉랭하다. 썰렁하다. 물론 다 그런 것은 아니지만 대체로 그렇다. 그것이 다르다.

구세대와 굿세대가 누구인지 말하기 전에 할 일이 있다.

먼저 굿세대의 특징을 알아보는 것이다.

굿세대good의 특징은 무엇인가? '성급함' 이다.

신앙은 성급해야 한다.

신앙은 성급해야 한다. 이것저것 따지면 안 된다. 우민愚民신앙을 이야기 하는 것이 아니다. 신앙의 태도를 말한다. 음식은 급하게 먹으면 체하지만 믿음은 급하게 달려들어야 한다.

내일이 없다고 생각해야 한다.

그 성급성이 베드로를 낳고 바울을 낳았다.

베드로는 성급하게 달려들다가 수제자가 되었다. 예수님 제자 되려고 배를 버렸다. 예수님이 바다로 걸어오시자 자신도 바다에 뛰어들었다.

베드로에게는 내일이 없었다. 오늘 그리고 지금 움직였다.

성급성이다.

바울도 성급하게 달려들다가 이방의 사도가 되었다. 예수님 만나고 바로 복음 전도자가 되었다. 주님의 제자치고 점잖게 예수 믿은 사람은 없다. 그들은 체면도 없고 부끄럼도 없었다. 성급하게 달려들어야 제자다.

희한한 놋뱀 사건의 교훈, "성급해야 산다!"

민수기에는 놋뱀 사건이 나온다.

이스라엘 사람들이 광야에서 불뱀에 물려 죽게 된다. 하나님과 모세를 원망했기 때문이다. 원망과 불평은 이스라엘 백성의 십팔번 습성 아닌가! 그 벌이었다.

그러나 하나님은 죽어가는 백성들을 그냥 두지 않으셨다. 놋뱀을 통해서 구원의 방법을 가르쳐 주셨다.

여호와께서 모세에게 이르시되 불 뱀을 만들어 장대 위에 달라 물린 자마다 그것을 보면 살리라(개역 민 21:1-9).

놋뱀을 세워 즉시 보라고 명령하셨다. 순종하면 치유된다. 죽지 않는다. 이것저것 따지면 독이 퍼져서 죽게 된다. 다른 생각 없이 성급하게 달려가서 쳐다봐야 산다. 이런 성급성이 있어야 구세대가 아니다. 굿good세대다.

어느 책에서 본 이야기다.

한 청년이 현자로 소문난 왕을 찾아가서 성공의 비결을 물었다. 성공 비결을 가르쳐 달라는 청년의 말에 대답 대신 포도주를 한 잔 가득 부어주며 명령했다.

포도주가 가득 찬 잔을 손에 쥐라 했다. 그리고 한 방울도 흘리지 말고 시장 통을 돌아오면 그 비결을 가르쳐 준다 말했다.

바짝 긴장해서 청년은 시장을 돌았다. 포도주를 한 방울도 흘리지 않았다.

시장을 돌며 무엇을 보았고, 무슨 소리를 들었느냐고 왕이 물었다.

포도주 잔에 신경 쓰느라 청년은 아무것도 보지 못하고 듣지 못했다고 대답했다.

그러자 왕은 그것이 성공의 비결이라고 말했다.

다른 것 생각 말고 집중하면 된다는 것이다.

성급하면 주위를 둘러보지 못한다. 그래서 실수할 수도 있다.

세상일은 성급하면 안 된다.

그러나 신앙생활은 성급해야 한다. 그래야 세상 둘러보지 않고 집중할 수 있다.

성급하게 신앙생활 하라.

내일은 없다. 오늘이 마지막이다.

따지지 말자. 둘러보지 말자. 뒤돌아보지 말자.

| 굿세대, 그들을 알고 싶다

그럼, 굿세대는 누구인가?

신명기는 그들이 20세 미만의 사람들이라고 말한다. 어린이다. 청소년들이다.

또 너희가 사로 잡히리라 하던 너희의 아이들과 당일에 선악을 분변치 못하던 너희 자녀들 그들은 그리로 들어갈 것이라 내가 그 땅을 그들에게 주어 산업이 되게 하리라(신 1:39).

그러나 꼭 어린 세대만을 의미하지 않는다. 장년들도 있었기 때문이다. 여호수아와 갈렙이다.

오직 여분네의 아들 갈렙은 온전히 여호와를 순종하였은즉 그는 그것을 볼 것이요 그가 밟은 땅을 내가 그와 그의 자손에게 주리라 하시고

여호와께서 너희의 연고로 내게도 진노하사 가라사대 너도 그리로 들어가지 못하리라

너의 종자 눈의 아들 여호수아는 그리로 들어갈 것이니 너는 그를 담대케 하라 그가 이스라엘에게 그 땅을 기업으로 얻게 하리라(신 1:36~38).

이 두 명의 영웅은 가나안 정탐 후 그 땅을 정복할 수 있다고 호언한다. 같이 동행했던 다른 10명의 정탐꾼들은 정복 불가를 주장했

다. 그 말을 들은 대다수 사람들은 원망했다. 불평했다. 그래서 하나님의 징계를 받았다.

불평했던 성인들은 구세대로 규정되고 절대로 가나안에 못 들어간다는 저주다. 무서운 징계다. 40년을 광야 노숙자로 생활한다. 그리고 거기서 죽어야 했다.

모세의 아킬레스건

이스라엘 사람들은 원래 불평이 심했다. 의심이 많았다. 믿음이 부족했다. 오랜 노예생활의 후유증인지 권위에 반감을 가졌다. 오죽했으면 주님이 목이 곧은 백성이라고 했을까!

모세도 처음부터 이 사실을 염려했다. 처음 하나님이 출애굽 사령관의 중책을 주실 때 이것 때문에 거절했다. 이스라엘 백성이 자기를 못 믿을 것이라고 말했다.

모세가 대답하여 가로되 그러나 그들이 나를 믿지 아니하며 내 말을 듣지 아니하고 이르기를 여호와께서 네게 나타나지 아니하셨다 하리이다(출 4:1).

그것은 기우가 아니었다. 종종 이스라엘 백성은 딴죽을 걸었다. 반역했다. 모세의 아킬레스건은 바로 그 백성들이었다. 그들을 자기보다 사랑했다. 금송아지 사건 때 모세는 목숨 걸고 반역한 백성들을 변호했다.

여호와께로 다시 나아가 여짜오되 슬프도소이다 이 백성이 자기들을 위하여 금신을 만들었사오니 큰 죄를 범하였나이다
그러나 합의하시면 이제 그들의 죄를 사하시옵소서 그렇지 않사오면 원컨대 주의 기록하신 책에서 내 이름을 지워 버려주옵소서(출 32:31~32).

십계명을 받기 위해 호렙산에 올라가 있는 사이, 이스라엘 백성들은 금송아지를 만들었다. 그것이 하나님이라고 섬겼다. 그 때 하나님은 백성들을 징벌하려 하셨다. 모세가 중재했다. 백성들의 죄를 사하지 않으시면 자기의 이름을 생명책에서 지워달라고까지 간청했다. 목숨을 건 것이다.

그래서 하나님은 용서하신다. 그러나 결정적으로 이스라엘 백성 때문에 분노를 쏟아냈다. 그 실수 때문에 모세는 가나안 땅에 들어가지 못했다.

구하옵나니 나로 건너가게 하사 요단 저편에 있는 아름다운 땅 아름다운 산과 레바논을 보게 하옵소서 하되
여호와께서 너희의 연고로 내게 진노하사 내 말을 듣지 아니하시고 네게 이르시기를 그만해도 족하니 이 일로 다시 내게 말하지 말라
너는 비스가산 꼭대기에 올라가서 눈을 들어 동서 남북을 바라고 네 눈으로 그 땅을 보라 네가 이 요단을 건너지 못할 것임이니라(신 3:25~27).

| 문제는 신앙 전수다

모세의 문제는 신앙의 전수였다. 율법과 계명을 전해야 하는데 먹히지 않았다. 그래서 구세대와 굿세대를 나눈 것이다. 아예 구세대는 버리겠다는 하나님의 각오이다. 얼마나 무서운 징벌인가!

민수기에는 두 번의 인구 조사가 나온다. 처음 인구 조사는 구세대가 대상이었다. 그들 모두는 광야에서 살다가 그렇게 광야에서 죽어 갔다. 구세대는 전멸한다는 빨간 경고등이 켜진 것이다.

그래서 첫 인구 조사는 사망의 카운트다운이다. 그러나 하나님의 은혜가 멈춘 것은 아니다. 머지않아 생명의 카운트다운이 있기 때문이다.

두 번째 인구 조사가 바로 그것이었다. 굿세대가 조사대상이다. 물론 굿세대는 몇 번 더 선별 작업을 거쳤다. 고라와 그를 따르는 사람들이 반역하자 땅이 갈라져 그들을 삼켰다.

얼마 후 또 반역이 일어나자 역병이 돌아서 2만 명 이상이 죽었다. 신앙 전수를 거부하거나 변질시키는 사람들은 계속 솎아냈다. 구세대로 구분되었다.

이런 홍역을 거친 후 비로소 인구 조사가 이루어졌다. 신앙 전수가 가장 중요했기 때문이다.

이런 배경을 가지고 민수기를 보면 흥미롭다. 목숨 걸고 신앙을 전수하려는 모세의 노고가 보인다. 하나님의 섭리가 들린다.

전도와 전수

교회는 굿세대가 판쳐야 한다. 굿세대가 대세가 되어야 한다. 끊임없이 그렇게 되어야 한다. 아무리 탁월한 신앙의 윗세대가 있었어도 아래세대가 그렇게 되지 않는 한 단절된다. 윗세대와 아래세대가 모두 굿세대가 되어야 한다.

어떻게 그것이 가능하겠는가? 신앙 전수가 유일한 비결이다. 교회는 신앙 전수가 필수다.

전도와 전수는 무엇이 다른가? 전도가 이웃에게 복음을 전하는 것이라면, 전수는 이불에서 복음을 전하는 것이다. 내 자녀의 신앙에 신경 쓰는 것이다.

교회는 계대를 이어서 굿세대로 채워져야 한다. 얼마나 하나님은 그 순결한 세대를 원하시는지 모른다. 내일의 교회는 다음세대가 굿세대가 되도록 하는 교회다. 좋은 신앙이 다음세대에 자연스럽게 바통 터치가 돼야 한다.

영국 교회를 비롯한 유럽 교회는 이것이 안돼서 자멸했다. 눈을 부릅뜨고 청소년을 살펴야 한다. 청년들을 안아야 한다.

유다와 다말을 통해서 신앙 전수에 대해 조금 더 알아보자.

| 유다와 다말을 아시나요?

성경이 어려운 이유는 시도 때도 없어서 그렇다. 갓난아기가 있는 집은 힘들다. 밤낮이 없다. 아기가 시도 때도 없이 울기 때문이다. 아기의 시간과 환경이 부모와 맞지 않아서 힘든 것이다.

성경이 힘든 이유는 무엇인가? 성경의 시간과 환경이 우리와 맞지 않아서 그렇다.

성경만 힘든가? 다른 사람도 이해하기 힘들다.

몽골 예배 설교를 몇 달 동안 한 적이 있었다. 외국인 선교국 담당 목사이기 때문이었다. 현지 외국인 목회자들이 있지만 가끔 없을 때가 있다. 전 교역자가 본국으로 갑자기 떠나게 되고 후임자가 아직 못 온 경우가 있다. 몽골 예배가 그 경우였다.

첫 예배가 인상적이었다.

많은 몽골인들의 예배 태도가 불량했다. 처음으로 설교하는데 어떤 사람들은 뒤로 젖히고 앉았다. 어떤 형제는 아예 엎드려 있었다. 소위 제일 편한 자세로 앉아 있었다.

말은 안 했지만 당혹스러웠다. 피곤해서 그런가 보다 생각하고 넘어 갔다.

그런데 그 다음 주도, 그 다음 주도, 계속 그런 태도였다.

오랫동안 몽골인들을 섬긴 권사님께 물어보았다.

원래가 그렇다는 것이다. 이해할 수 없었다.

그러다가 몽골에 심방을 갔다.

외국인 선교국에서는 매년 본국으로 귀국한 형제들을 찾아가서 신앙으로 위로하고 격려한다.

이것이 선교국의 큰 사역 중 하나다.

그 해에 몽골 차례가 되었다.

그 나라에 가서야 비로소 몽골인의 불량 태도를 이해할 수 있었다. 심방 간 집에서 너나 할 것 없이 가족처럼 대했다. 어떤 집에서는 처음 보았는데 잠깐 자다 가라고 이부자리를 깔아주었다. 그것이 유목민이다.

남의 집에 가면 우리처럼 예의 차리는 것이 아니라, 가족처럼 망가져 줘야 좋아한다. 발을 뻗는다든지, 눕는다든지 하는 이상행동(?)도 당연했다. 초면의 사람에게도 그런 행동이 예의에 어긋나지 않는다.

몽골인들은 우리처럼 모여 사는 것이 아니다. 말을 키우며 띄엄띄엄 산다. 지금도 초원에서 사는 유목민들은 차타고 30분을 가야 이웃집이 나온다. 그러니 방문하는 손님이 얼마나 귀하겠는가! 손님이 가족처럼 지내야 마음이 편하다는 것을 그 나라에 가서 알게 되었다. 오히려 불량 태도는 친근한 마음의 표현이다.

한 10일간 몽골 사람들을 시도 때도 없이 만났더니 내 태도와 생각이 변했다. 그 후에는 몽골 사람들이 누워서 예배드리면 좋겠다고 생각했다.

| 시때법칙

서론이 길었다. 사실 성경은 참 쉽다. 시도 때도 없이 보면 된다. 사람도 시도 때도 없이 자주 만나면 이해되듯 그렇게 하면 된다.

나는 그것을 '시때법칙' 이라 명명했다.

자주 성경을 만나자. 성경 인물 중 비교적 모르는 인물들 이야기를 하고 싶다. '시때법칙' 을 잘 적용해야 알만한 인물들이다.

유다와 다말이다. 이들은 시아버지와 며느리다.

먼저, 유다를 살펴보자.

나는 유다에게서 연민의 정을 느낀다. 내 주변에 있는 보통의 크리스천 같아서 그렇다.

창세기의 아브라함은 너무 믿음이 좋다. 특이한 순종이 탁월하다.

이삭은 평화의 사람이다. 화내는 적이 거의 없다. 이런 모습이 너무 놀랍다.

야곱은 너무 기복이 심하지만 축복을 사모하는 모습이 남다르다.

요셉은 또 너무 의롭다.

그에 비해 유다는 적당히 좋은 사람이다.

왜 그렇게 생각하는지는 곧 말할 것이다. 그 전에 그에게 성적을 준다면 수우미양가 중에 '미' 정도 받았을 인물이다. 보통 사람이다.

성경에는 유다라는 이름을 가진 사람이 열네 명이나 나온다. 지금 말하는 주인공은 야곱의 열두 아들 중 넷째인 유다다. 같은 이름이 많다는 것도 보통의 크리스천임을 대변해 주는 것 같다.

좋은 유다

유다는 적당히 좋은 사람이다. 만인의 연인이다. 모두에게 나쁜 인상을 주지 않는다. 심지어는 팔려 가는 동생 요셉에게도 마찬가지다.

창세기 37장 26~27절을 보면 이 유다가 형제들이 요셉을 죽이라는 것을 막고 이스마엘 사람에게 팔자는 제안을 한다.

> 유다가 자기 형제에게 이르되 우리가 우리 동생을 죽이고 그의 피를 은익한들 무엇이 유익할까
> 자 그를 이스마엘 사람에게 팔고 우리 손을 그에게 대지 말자 그는 우리의 동생이요 우리의 골육이니라 하매 형제들이 청종하였더라.

요셉에게 유다는 좋은 형이다. 다른 형제들과는 다르게 요셉을 살리려 했으니까. 그러나 더 적극적이지는 않았다. 형제들에게 목숨 걸고 요셉 살리자고 저항하지 않았다. 요셉을 판 이후에 형제들은 거짓말을 한다. 요셉이 동물에게 물려 죽었다고 했다.

그 거짓 보고에 아버지 야곱이 통곡한다. 그런 아버지 모습이 애치로워시일까?

창세기 38장 1절에는 가출을 한다.

그 후에 유다가 자기 형제에게서 내려가서 아둘람 사람 히라에게로 나아가니라.

그러나 아버지 야곱에게 솔직하게 고백하지 않는다. 형제들과 요셉을 팔았다고 이실직고하지 않았다. 그냥 자기가 마음 아파했나 보다. 그래서 참을 수 없어 나간 것 아닌가! 그리고 일정 기간 가족들과 연락하지 않는다.

좋은 사람의 특징은 다른 사람과 나쁜 관계를 두려워한다. 적절한 수준에서 인간관계를 맺는다. 싫어지면 자기가 떠난다.

교회에 다니지 않는 사람 중에서 이런 분이 의외로 많다. 부딪치는 것이 싫으니까 그냥 교회를 떠나고 나오지 않는다.

가출해서도 이 유다는 이방인들 가운데 산다. 그들에게도 좋은 사람이다. 잘 지낸다. 가나안 사람과 결혼한다. 세 자녀 엘, 오난, 셀라를 낳는다. 그리고 첫 아들을 장가보낸다. 가나안 여자 다말을 며느리로 맞아들인다.

이런 일련의 일들 가운데 가족의 개입은 없었다.

아예 연락을 두절하고 산다.

그러다가 첫 아들이 곧 죽는다.

유다의 장자 엘이 여호와 목전에 악하므로 여호와께서 그를 죽이신지

라(개역 창 38:7).

당시 풍습은 형이 자녀가 없이 죽으면 동생이 형수와 결혼해야 했다. 그래서 낳은 자녀는 형의 재산을 상속 받게 된다. 대신 대를 잇도록 한다.

그래서 유다는 둘째도 다말에게 결혼시켰다. 그러나 둘째아들도 죽는다. 형의 유업이 탐이 나서 자녀를 낳지 않으려 했다.

하나님이 그것을 악하게 보셨다.

유다는 셋째아들이 또 죽을까봐 다말에게 장가보내지 않는다. 이쯤하면 시아버지로서는 최선을 다했다고 손을 턴다. 다말에게 좋게 설명한다. 셋째아들이 아직 어리니까 장성하면 다말과 결혼시키겠다고 약속한다. 그래서 친정집으로 보낸다. 세상의 이치로 적당한 처사이다.

그쯤하면 좋은 사람이다. 거기에 만족했다.

그런 유다가 자기 가족에게 전도는 했을까? 나는 전도했다고 본다. 성경에는 유다가 전도했다는 직접적인 구절은 없다. 그러나 정황적으로 전도했다고 믿는다. 특히 이때는 이웃에게 전하는 횡적 전도가 아니라, 자녀에게 신앙을 전수하는 종적 전도가 지배적이었다.

그러나 당연히 이방인 아내와 이방인 며느리에게 전도했을 것이다. 그것이 히브리인들의 전통이다. 자녀들에게도 신앙을 권면했을 것이다. 그러나 유다는 전도하되 적당히 권했을 것이다. 강요하지 않았을 것이다. 유다는 신사적이기 때문이다.

내 생각에는 이렇게 유다가 태도 좋은 사람에 머무는 것에 문제가 있다. 문제가 있어도 크게 있다.

나는 좋은 사람을 버리라고 주문하고 싶다. 왜냐하면 좋은 사람으로 머물러 있었기 때문에 유다는 주도권을 뺏긴다. 아버지 야곱, 형제들과 같이 살 때도 요셉을 살렸더라면 그 가족의 주도권은 유다에게 있었을 것이다. 그럴 기회가 없지 않았다.

그러나 좋은 사람이었기 때문에 형제들과 더 이상 다투는 것이 싫었다. 분명 잘못된 것이라 여겼지만 말문을 닫는다.

아버지 야곱이 요셉 때문에 대성통곡하는 것을 보았다. 가책이 생겼다. 그러나 진실을 은폐한다. 그리고 그 수준에서 머물다 가책 때문에 집을 떠난다.

자기 아들들에게도 좋은 아빠에 머문다. 때로 신앙적으로 좋지 않으면 회초리를 들어야 하는데 그렇게 하지 않았나보다.

두 아들은 신앙이 없었다. 사실은 그래서 죽었다.

며느리 다말과의 관계도 그렇다. 지금 유다에게 중요한 것은 대를 잇는 것이다. 이것은 무엇보다 더 중요하다. 하나님은 유다를 통하여 신앙 전수를 원하셨다.

그러나 유다의 '좋은 사람' 처신이 그것을 막았다. 두 아들이 죽었는데 그 정도면 됐다는 식이다. 그 정도면 누구에게도 최선을 다했다고 인정되었다. 그러나 하나님은 그렇게 여기지 않으신다.

그토록 신앙 전수를 원하시는 하나님 마음을 읽지 못한다. 따라서 유다는 좋은 사람이지만 위대한 사람은 못된다. 좋은 사람을 버려야만 위대한 사람이 된다.

무슨 말인가? 옳은 일에는 목숨 걸어야 한다. 특히 신앙 전수에는 양보하면 안 된다.

지금도 유다의 '좋은 사람 증후군'이 있다. 자녀에게 가장 중요한 것은 무엇인가? 신앙이다. 바른 신앙을 갖도록 지도해야 한다.

그런데 자녀에게 가장 관대한 것은 신앙 문제다. 공부와 성적을 위해서 신앙은 헌신짝이다. 유다의 실수의 반복이다.

신앙에는 적당한 선이 없다. 구세대가 아니면 굿세대다. 목숨 걸고 신앙을 전수해야 한다.

위대한 사람은 종종 나쁜 사람이다. 오해를 받는다. 인기가 없다. 그래도 원망을 들어도 할 것은 해야 한다. 거룩한 간섭이 필요하다.

유다는 좋은 사람에 머물러 있었기 때문에 나중에 다말을 통하여 부끄러운 일을 당한다. 창녀 변장을 한 며느리와 잠자리에 들게 된다. 근친상간의 오명을 쓰게 된다. 그리고 자신의 잘못을 뉘우친다.

그는 나보다 옳도다 내가 그를 내 아들 셀라에게 주지 아니하였음이로다(개역, 창 38:26).

이 부끄러운 일을 당한 후, 유다는 이제 좋은 사람에 머물러 있지 않는다. 목숨 걸고 아닌 것은 아니라고 말한다.

그 이후 아버지와 형제들에게 돌아가 요셉과 만나도록 결정적인 영향을 끼친다.

후에 야곱은 장자권을 이 넷째아들인 유다에게 준다. 그래서 예수님이 이 유다 가문에서 나온 것이다.

홀이 유다를 떠나지 아니하며 치리자의 지팡이가 그 발 사이에서 떠나지 아니하시기를 실로가 오시기까지 미치리니 그에게 모든 백성이 복종하리로다(개역, 창 49:10).

좋은 사람을 버리고 위대한 사람이 되자. 신앙 전수는 가장 위대한 일이다.

| 며느리 다말

이제, 다말 이야기로 넘어가자.

다말은 누구인가? 창세기 38장에 나오는 구약 사람이다. 꽤나 유명하다. 마태복음 1장 예수님의 족보에 나오기 때문이다. 예수님의 조상이 됨으로 관심의 대상이 되었다.

다말은 개천에서 용 난 격이다. 일단 다말은 원래 히브리인이 아니다. 외국인이다. 가나안 이방인이다. 시아버지가 가나안에 살면서 이방 여자와 결혼해서 살았고, 세 아들을 낳았다. 앞에서 설명한 유다이다.

큰아들에게도 이방인 여자와 결혼시켰는데, 그가 다말이다. 출신

성분에서 떨어진다.

게다가 시아버지 유다는 이 다말을 자기 집안을 다 말아 먹은 사람으로 여겼다. 큰아들과 결혼했으나 곧 죽는다.

히브리인의 관습대로 둘째아들을 형수와 결혼시킨다. 큰아들의 대를 잇기 위함이다.

그런데 둘째아들도 죽는다.

아들 셋인데 다말과 결혼해서 두 아들을 잃었다.

그래서 막내아들은 결혼시키지 않는다.

그 때 다말은 창녀 분장을 하고 시아버지를 유혹한다.

그리고 잠자리에 든다.

그래서 쌍둥이를 얻었다.

그 중 첫째가 베레스다.

해산할 때에 보니 쌍태라

해산할 때에 손이 나오는지라 산파가 이르되 이는 먼저 나온 자라 하고 홍색 실을 가져다가 그 손에 매었더니

그 손을 도로 들이며 그의 아우가 나오는지라 산파가 이르되 네가 어찌하여 터뜨리고 나오느냐 하였으므로 그 이름을 베레스라 불렀고

그의 형 곧 손에 홍색 실 있는 자가 뒤에 나오니 그의 이름을 세라라 불렀더라(창 38:27-30).

그가 바로 예수님의 직계 조상이다.

이것이 표면적인 다말 이야기다.

| 명분에 목숨 건 사람이 아름답다

나는 이 다말에게 관심이 많다. 명분에 목숨 건 사람이기 때문이다. 명분은 "이름이나 신분에 따라 마땅히 지켜야 할 도리"이다. 혹 우리는 다말 이야기를 표면적으로만 알고 완전히 오해할 수 있다. 다말이 시아버지를 유혹해서 근친상간했다는 대목에 집중한다. 그런 관점에서 보면 몹쓸 며느리다.

그러나 다말은 명분이 있었다. 자신에게는 자녀를 통한 신앙 전수가 사명이다. 외국인이지만 그 사실을 놓치지 않았다. 신앙 전수가 제일이다. 이 관점으로 다말의 사건을 이해해야 한다.

만일 다말이 자녀 낳는 명분이 자신의 노후 대책용이었다면 다시 결혼하면 되었다. 자기 나라 사람과 혼인하면 되지 않는가! 시아버지에 대한 약간의 복수심이나 유희를 위해서 그렇게 했다면 하나님의 벌을 받았을 것이다. 그러나 하나님은 오히려 그 태를 축복하셨다.

사실 다말의 이러한 행동은 자신에게 수치스럽고 고통스러운 것이다. 시아버지와 잠자리에 든다는 것은 그 때에도 낯 뜨거운 일이다. 많은 고민을 했을 것이다.

그럼에도 이런 행동을 한 것은 명분에 목숨 걸었기 때문이다. 시아버지 유다는 하나님 관점에서 생각해야 했다. 아무리 자기 자식이 죽어도 그 슬픔이나 두려움에 잠겨 있을 것이 아니다. 빨리 장자의 유업을 이어야 했다. 신앙 전수를 해야 했다.

그런데 그런 의무를 저버린 것이다. 신앙 전수가 그 가정의 명분이요 유다의 명분이다. 그렇기 때문에 나중에 유다는 며느리에게 잘못을 고백하지 않았는가!

유다가 그것들을 알아보고 가로되 그는 나보다 옳도다 내가 그를 내 아들 셀라에게 주지 아니하였음이로다(개역, 창 38:26 상반절).

이러한 사건은 명분에 대한 극단적인 예이다. 다시는 이러한 근친상간은 있어서도 안 되며 있을 수도 없는 일이다. 성경 형성사의 유일무이의 사건이다.

그러나 우리에게 신앙 전수라는 명분을 짚어준다. 확실하게 가르친다.

다음 세대가 없는 교회는 무의미하다. 그래서 종횡으로 전도해야 한다. 횡은 이웃 전도를 의미한다. 종은 자녀나 부모 전도를 뜻한다. 둘 다 중요하다.

그러나 우선되는 것은 가족 전도이다. "만민에게 복음을 전파하라"는 것이 이 땅을 사는 그리스도인의 의무이다.

하늘의 명분과 세상의 명분이 부딪칠 때가 있다.

어떻게 해야 하는가? 하늘 명분을 따라야 한다.

마음 찡한 이야기가 있다.

1924년 파리 올림픽에 두 크리스천 육상 선수가 출전했다. 영국의 육상 대표선수들이다. 그런데 주일날 시합이 있어서 자기들의 주

종목을 포기한다. 그리고 다른 날에 동료선수들의 양해로 100m와 400m에 각각 출전하여 우승한다. 유대인 정치가 해럴드와 중국 선교사 에릭의 이야기다.

얼마나 대단한가? 성도라는 것과 선수라는 것이 모두 훌륭한 명분이다. 그러나 하늘 명분을 따르는 것이 우선이다. 신앙 전수가 최고의 명분이다. 사명이다.

| 교회여, 다음 세대에 목숨을 걸라!

나는 비교적 교회학교를 오래 섬겼다. 15년이다. 서기 교사, 반사, 율동 교사, 총무 교사 그리고 담당 교역자까지 모두 해 봤다. 군대 교회, 산골 교회, 시골 교회, 도시 교회 그리고 해외 한인교회까지 섬겼다. 한때는 목사 안수를 안 받고 교회학교를 평생 섬기리라 다짐하던 때도 있었다.

이렇게 오랫동안 주일학교에 애정을 갖게 된 계기가 있었다. 아이들에게 받은 은혜가 컸기 때문이었다.

나는 고등학교 2학년 때 고등학교를 자퇴해야만 했었다. 가정 형편 때문이었다. 가가호호 방문하며 물건을 팔았다. 수세미와 좀약을 팔았다. 연탄을 배달하기도 했다. 너무 힘들어 밤에는 끙끙 앓았다. 연탄을 배달할 때 오후가 되면 입에서 단내가 나고 정신이 혼미해졌다. 손이 너무 아파서 잠을 이루지 못했다.

그 때 유일한 즐거움은 교회학교 아이들을 가르치는 것이었다. 4학년 반을 담당했다. 아이들을 보면 그 시름과 아픔이 사라졌다. 그 해 여름 성경학교 마지막 날 새벽에 아버지가 돌아가셨다.

그 날도 나는 교회에서 잠을 자고 있었다. 집에서 연락이 왔다. 아버지가 별세하셨다고 했다. 그 아침부터 형과 동생과 함께 상주가 되었다.

그 날 저녁 성경학교 마지막 캠프파이어 기도회가 있었다. 어머니에게 양해를 구하고 잠깐 기도회에 갔다. 우리 반 아이들이 보고 싶어서였다. 내가 도착했을 때는 캠프파이어가 끝나고 반끼리 모여 기도하고 있었다. 우리 반 아이들은 옆 반과 함께 기도하고 있었다.

가까이 가서 기도 소리에 귀를 기울였다. 나를 위해 기도하고 있었다. 아이들은 하나같이 자기 선생님을 위해 울부짖고 있었다.

그날 밤 너무 큰 위로를 아이들에게 받았다. 그 은혜는 마음에 깊숙이 자리 잡았다. 그래서 교회학교에 열심히 헌신했다.

전도사가 되어서 주안교회에 왔던 이유도 아이들 때문이었다. 그 전 교회에서 어린이 새벽기도를 만들었다. 주일 날 만이라도 새벽기도를 만들면 신앙 성장에 좋을 것 같아서였다. 내가 어릴 때 새벽기도에 은혜를 받았던 기억 때문이다. 역시 반응이 좋았다. 아이들은 주일 새벽 어린이 예배를 손꼽아 기다렸다.

그러나 오래지 않아 예배를 그만 두어야 했다. 전체 부서에 미칠

파장 때문이었다. 내가 담당한 부서만 새벽 기도회를 하면 다른 교육 부서들이 곤란하다는 반응이었다.

우리가 너무 튄다는 것이다. 사실이 그랬다. 새벽예배를 드리려면 교육부서 회의를 거쳐서 결정해야 되는 일이었다. 나 좋다고 할 수는 없었다. 아쉬웠다.

그러던 중 주안교회 소문을 들었다. 이미 어린이 주일 새벽예배를 드린다는 것이다. 그래서 주안교회로 자연스럽게 옮겼다.

토요일이면 교회 근처 여관에서 잤다. 나뿐만이 아니라 모든 교육부서 교역자들이 그랬다. 새벽에 일어나서 아이들과 드리는 예배는 너무 좋았다. 많이 생각이 난다.

지금도 주안교회는 어린이 새벽예배가 있다. 감사하다.

한 가지 아쉬운 점이 있다. 부모와 함께 드리는 새벽예배가 되었으면 하는 바람이다.

새벽기도의 유익은 크다. 아이들에게는 더 크다. 매일은 아니지만 주일이라도 새벽을 깨우는 훈련은 중요하다. 굿세대로 키우는 좋은 활동이다. 주안교회는 이런 교육 시스템이 잘 갖추어져 있어 감사하다.

요즘 아이들은 너무 바쁘다. 주일 한 번의 예배가 전부다. 불과 20년 전에는 수요예배도 있었고, 때에 따라서는 토요모임이 있었다. 주일예배도 오전, 오후 두 번 모였다. 다음 세대를 놓치는 조국 교회가 아쉽다.

| 주안교회 굿세대

주안교회는 다음 세대에 신경을 많이 쓴다. 특히 매력적인 것은 학년별 교육과 통합교육을 병행한다는 것이다. 각 학년마다 예배가 있지만 중소그룹 별로 모임이 다양하다.

예를 들어 디모데 영어학교가 있고, 어린이 성경공부를 하는 꿈샘 학교, 청소년 성경공부 모임인 포도나무 학교 등 통합교육이 잘 발달되어 있다.

베테랑 교사들이 많다는 것도 장점이다. 10년차, 20년차는 기본이고, 30년차 교사도 꽤 된다. 그들의 헌신을 나는 많이 보았다.

한 교회학교 교사 부부는 아이가 없었다. 부인 집사님이 몸이 약해서 아이가 들어서지 않았다. 몇 년간 기도했으나 태의 문은 열리지 않았다. 교회학교에 더 몰입했다. 더 열심을 내었다. 기도도 더 열심히 했다.

상식적으로는 바쁜 교회학교 일을 내려놓고 쉬어야 하는데도 그 부부는 그렇게 하지 않았다. 더 많이 자기 반 아이들을 잘 돌보았다. 더 바쁘게 교회 일을 감당했다.

드디어 병원에서 불가능하다던 임신이 되었다. 자녀를 셋이나 낳았다. 기적 같은 일이있다.

이런 간증이 넘쳐나는 교회학교다. 다음 세대를 담당한 사람들을 하나님은 신경 써 주신다. 그것을 주일학교 교역사로 있으면서 깨달았다.

| 그리운 이동재 집사님!

주안교회 교회학교를 생각하면 고 이동재 집사님이 생각난다. 내가 교육 부서를 담당할 때 총무 교사였다. 주일학교 봉사만 15년이셨다.

그러시던 중 회사에서 사고로 갑자기 별세하셨다. 그분이야 말로 교사 헌신의 상징이다. 가장 어려운 곳에는 항상 그가 있었다. 한밤중이건 새벽이건 가릴 것 없이 아이들 일이라면 뛰어가셨다.

아이들 여름 수련회 때였다. 늦게까지 부흥회와 기도회를 했다. 다음 날은 야외 체육대회가 있었다. 피곤해서 그냥 잤는데 그 밤에 참 많은 비가 왔다. 새벽에 일어나니 낭패였다. 당장 아침 기상체조부터 차질이 불가피했다.

걱정을 하고 있는데, 이동재 집사님이 다가오셨다.

모든 준비가 다 되었노라고 했다.

강당으로 가보니 체육대회를 할 수 있도록 준비가 되어 있었다.

밤을 새서 그분이 준비하신 것이다. 의자를 다 치우고 배구 네트를 세웠다. 계획했던 게임을 모두 할 수 있었다. 다만 실내에서 했다는 것만 달랐다. 그분은 우천시를 대비해서 이미 준비를 하고 수련회에 임했던 것이다.

담당 교역자인 나보다 나았다. 나와 다른 교사들이 피곤하니까 깨우지 않고 몇몇 젊은 교사와 함께 이런 준비를 다 하셨다.

그뿐이 아니다. 이 분은 매 주마다 설교 도우미를 자처했다. 동영

상부터 설교 자료 등 무엇이든 필요하면 준비해 주셨다. 지금도 그 때 만든 동영상CD는 내 보물이다. 추억이다. 하나님은 그런 헌신자를 일찍 데려 가셨다. 하늘나라에도 필요하셨나 보다.

그분의 교회학교 사랑이 여전히 주안교회 교회학교에 녹아 있어 감사하다. 조국 교회는 내일의 교회다. 굿세대가 풍성한 하나님의 교회를 그린다.

제5장 사랑의 교회

바라봄의 책, 신명기

나는 군대에서 사격을 못했다. 그래서 고생이 많았다. 벌써 20년 전인데 2주 전 같이 생생하다. 그만큼 힘들었다.

왜 사격을 못했는가? 잘 보지 못해서다. 시력은 정상인데 집중할 수가 없었다. 나는 왼손잡이였기 때문이다.

한국 군대의 총은 모두 오른손잡이용이었다. 왼손잡이가 왼손으로 쏘면 탄피가 얼굴쪽으로 튀기 때문에 도무지 쏠 수가 없었다. 나는 총을 쏠 때 한 번도 과녁을 집중해서 본 적이 없다. 곁눈질로 총을 살피며 과녁을 봤다. 집중해서 앞만 봐야 하는데 그것이 안 되니 못 쏘는 것이 당연했다.

신명기는 '바라봄'의 책이다.

사격할 때 과녁을 보는 집중력으로 하나님을 바라봐야 한다. 왼손잡이든, 오른손잡이든 어렵지 않다. 그냥 응시하면 된다. 그러나 그것도 쉽지 않았나 보다. 이스라엘 백성들은 다른 곳을 많이 봤다. 나처럼 집중할 수 없었나 보다.

그와는 다르게 신명기를 쓴 모세는 응시의 달인이었다. 모세는 광야 목자 출신이다. 광야에는 바위가 많다. 돌이 많다. 바람도 많다. 그러니 모세의 눈 길 끝만한 화려한 것은 없다. 양을 뚫어지게 보다가 지루하면 바위를 봤다. 또 지루하면 돌을 뚫어지게 봤다. 바람에 밀려 움직이는 구름을 응시했다. 그것이 광야 목동이 하는 일이다.

예나 지금이나 같다. 모세가 사물을 보며 그것을 하나님과 연결지어 생각했을까? 그것은 모르겠다. 확실한 것은 소명 받은 후에는 그랬다.

하나님은 모세를 처음 부르실 때 그런 목동의 습성을 이용하셨다. 뚫어져라 바라보는 목자의 습관 말이다. 떨기나무에 불이 붙게 하셨다. 모세가 자연스럽게 응시하도록 하신 것이다.

그러다가 하나님의 사역자가 되었다. 나는 이런 모세를 상상하다가, '보는 것도 엄청난 활동이구나!' 감탄했다.

| '바라봄'은 응시하는 것

보는 것도 세 종류가 있다.

첫째, 건성으로 보는 것이 있다.

둘째, 자세히 보는 것이 있다.

셋째, 작정하고 자세히 보는 것이 있다.

모세는 떨기나무를 어떻게 보았을까?

여호와의 사자가 떨기나무 불꽃 가운데서 그에게 나타나시니라 그가 보니 떨기나무에 불이 붙었으나 사라지지 아니하는지라

이에 가로되 내가 돌이켜 가서 이 큰 광경을 보리라 떨기나무가 어찌하여 타지

아니하는고 하는 동시에
여호와께서 그가 보려고 돌이켜 오는 것을 보신지라 하나님이 떨기나무 가운데서 그를 불러 가라사대 모세야 모세야 하시매 그가 가로되 내가 여기 있나이다(출 3:2~4).

작정하고 자세히 보았다. 출애굽기 3:3에 "내가 돌이켜 가서 이 광경을 보리라"고 작정한다. 그리고 자세히 살펴본다. 이것이 응시이다.

건성으로 보는 것은 그냥 눈에 보이니까 보는 것이다. 아무 생각도 없다. 집중도 없다. 그냥 육안肉眼으로 보는 것이다.

자세히 보는 것은 심안心眼으로 보는 것이다. 관심이 있는 것이다. 집중도 한다. 그러나 거기까지다.

작정하고 자세히 보는 것은 영안靈眼으로 보는 것을 의미한다. 꼭 하나님과 연관된다.

신명기는 모세의 굿바이 설교다. 새로운 세대에게 마지막으로 당부한 말씀이다. 가나안 입성해서 잘 살라는 바람이다. 하나님만 응시하라는 결론이다. 그러면서 과거의 역사, 현재의 모습 그리고 미래의 축복을 말한다.

모세와 이스라엘 백성은 슬픈 과거가 있다. 불신앙 때문에 40년을 유리방황했다. 현재에도 어정쩡하다. 가나안에 들어가려 하나 생각대로 쉽지 않아 보인다.

그러나 과거도 현재도 영안으로 응시하면 감사요, 감격이다. 그곳에서 주님을 발견한다. 그것이 참된 복이다. 그러면 쉽게 미래의 환희를 노래할 수 있다. 하나님만 바라보면 할 말이 많은 법이다.

그것이 신명기다. 주님만 바라보는 것은 쉽지 않다. 애를 써야 그것이 가능하다.

3.3.3.법칙

3.3.3.법칙이 있다. 하루 3번, 3분 이내, 3분 이상을 주장하는 치과협회 대국민 홍보 문구가 아니다. '바라봄의 법칙' 을 이렇게 정리해본 것이다.

3초를 응시하면 육안만 열린다.

3분을 계속 응시하면 심안이 열린다.

3시간을 응시하면 영안이 열린다.

모세가 지천에 널린 바위를 볼 때 3시간 이상 응시했을 것이다. 3초만 봤다면 육안으로만 본 것이다. 그랬다면 모세는 별로 위대해지지 않았을 것 같다. 3초 볼 때 별 것 아니었던 바위가 3분 보니 거기에서 아름다움을 발견했다. 3시간 보니 바위에서 하나님을 만난다. 그래서 하나님은 이스라엘 백성을 광야에서 훈련시키셨다. 혼란케 하는 것을 다 치우셨다. 현란한 이집트의 색조가 없다. 똑같은 의복과 똑같은 신발이 전부다. 파나 마늘 같은 양념이 없다. 자극적인 음식은 도무지 찾을 수 없다. 오직 만나와 메추라기뿐이다.

40년 광야는 단출한 훈련장이었다. 영안으로 바라보는 것을 오직 단련한다. 그래서 세례 요한도 하나님을 만나기 위해 광야로 뛰어갔다. 다 이유가 있다. 영안을 갖추기 위해서다.

우리는 TV세대다. TV는 평균 2.9초마다 장면이 바뀐다고 한다. 따라서 3초 응시에 익숙한 세대다. 게다가 유행과 변화에 한국인은 민감하다. 따라서 육안만이 발달될 확률이 꽤나 높다. TV를 치워버려야 할 이유다.

나 역시도 움직이지 않는 사물을 3분간 보기 어렵다. 3시간은 고문이다.

그것이 나와 모세의 다른 점이다. 응시의 대가가 영적 거장이다.

| 바라보는 훈련지, 광야

모세는 하나님을 볼 수 있는 영안이 있다. 앉으나 서나 주님 바라보았다. 바람에 날리는 광야 먼지를 보아도 하나님을 생각했을 것이다. 신명기 끝자락에 모세는 마지막 응시를 한다. 산꼭대기에 올라 가나안을 본다. 응시의 대가다운 결말이다.

그러니까 모세는 바라보면서 신명기를 시작했고, 바라보면서 신명기를 마쳤다. 아라바 광야에서 이스라엘 백성을 바라보면서 신명기 설교를 했다. 그리고 마지막으로 비스가산 꼭대기에서 가나안을 바라본다.

모세가 모압 평지에서 느보산에 올라 여리고 맞은편 비스가산 꼭대기
에 이르매 여호와께서 길르앗 온 땅을 단까지 보이시고
또 온 납달리와 에브라임과 므낫세의 땅과 서해까지의 유다 온 땅과
남방과 종려의 성읍 여리고 골짜기 평지를 소알까지 보이시고
여호와께서 그에게 이르시되 이는 내가 아브라함과 이삭과 야곱에게 맹세하여
그 후손에게 주리라 한 땅이라 내가 네 눈으로 보게 하였거니와 너는 그리로 건
너가지 못하리라 하시매
이에 여호와의 종 모세가 여호와의 말씀대로 모압 땅에서 죽어
벧브올 맞은편 모압 땅에 있는 골짜기에 장사되었고 오늘까지 그 묘를 아는 자
없으니라(신 34:1-6).

이렇게 깔끔한 결말이 감사다. 많은 사람이 이 땅을 오늘도 떠난다. 그러나 천국을 바라보며 떠나는 사람이 그립다. 모세처럼 욕심을 털고 단출하게 이 땅을 떠났으면 얼마나 좋을까!

천상병 시인의 귀천歸天에 가장 어울릴 사람은 다름 아닌 모세이다.

나 하늘로 돌아가리라.
새벽빛 와 닿으면 스러지는
이슬 더불어 손에 손을 잡고,

나 하늘로 돌아가리라.

노을빛 함께 단 둘이서

기슭에서 놀다가 구름 손짓하면은,

나 하늘로 돌아가리라.

아름다운 이 세상 소풍 끝내는 날,

가서, 아름다웠더라고 말하리라…….

| 만 시간의 대가

이 글을 쓰는 중에 바쁘게 서점에 들른 적이 있다. 우연히 "아웃라이어"라는 책을 발견했다. 그런데 제목이 좋았다. 아웃라이어. 뛰어난 거짓말쟁이Out-liar? 흥미 있는 제목이었다.

거짓말 잘 해서 성공한 사람들 이야기인 줄 알았다. 거짓과 성공이라는 주제가 흥미롭다고 생각했다.

잠깐 고민했다. 별로 좋아 하지 않는 출판사 책이었기 때문이었다. 기독교계 베스트셀러를 여러 권 출판한 회사였는데 이단의 서적을 출간했었다. 그러나 그런 주제에 관심이 있는 터라 샀다.

집에 와서 내용을 보니 전혀 다른 책이었다. 제목은 거짓말쟁이를 뜻하는 것이 아니라 탁월한 성공자 Out-lier라는 의미였다. 스펠링을 잘못 읽은 것이었다.

그러나 내용을 보니 전율이 느껴졌다. '보통 사람의 범주를 뛰어

넘는' 천재들은 만 시간 이상을 투자하고서 그렇게 되었다는 것이다.

비틀즈는 만 시간 이상의 노래 연습을 했다.

빌 게이츠도 만 시간 이상의 컴퓨터 프로그래밍을 연습했다.

여기까지는 별 흥미를 끌지 못했다.

그러나 그들이 그렇게 집중해서 연습할 수 있는 '특별한 기회' 가 있었다는 것이다. 즉, 만 시간 이상을 지속적으로 투자할 수 있는 환경이 대단하다는 것이다.

비틀즈는 1년 6개월 동안 일주일 내내 여덟 시간씩 연주를 했다. 그렇게 할 수밖에 없는 환경이 조성되었기 때문이다. 그 기회가 비틀즈를 만들었다는 것이다.

빌 게이츠도 마찬가지다.

그는 아버지가 부자여서 이미 고등학교 시절 때 컴퓨터를 만질 수 있었다. 그 때가 1968년이다. 대학조차도 컴퓨터가 있는 학교가 드문 때였다. 희한하게 빌 게이츠에게는 컴퓨터를 만질 수 있는 기회가 계속 열렸다. 바로 이러한 하늘의 기회를 통해서 지속적으로 연습에 몰두할 수 있었다. 그래서 대가가 되었다는 것이다.

나는 그 책을 읽다가 나는 과연 1만 시간 이상 투자한 분야가 있을까 생각했다. 만 시간은 대단한 시간이다. 매일 하루에 3시간씩 10

년을 투자해야 할 시간이다.

나에게는 딱 한 가지가 있었다. '교회 숙박' 이다.

나는 초등학교 6학년 때부터 고 3때까지다. 7년 동안 교회에서 거의 잤다. 자고 싶어 잔 것이 아니라 그럴 수밖에 없었다. 앞에서도 말했지만, 정말 힘든 기간이었다. 새벽 기도회를 비롯한 모든 공예배에 참석했다는 의미이다.

군대 30개월도 거의 교회에서 잤다. 군종병이었기 때문이다. 나는 대대급 교회의 군종병이라 부대에 군종 장교가 없었다. 내가 군종 목사의 일을 다 해야 했다. 교회 강대상에서 혼자 잤다. 이때는 좋았다. 내무반 생활을 안 했기 때문이다.

제대해서도 거의 3년 동안 교회에서 잤다. 그랬더니 교회에서 하는 모든 것에 능통(?)했다. 생각해보라. 매일 교회에서 사는데 못할 것이 어디 있겠는가! 물론 잘 했다는 것은 아니다.

아무튼 나는 교회에서 잠자는 것에 대하여 별로 깊이 생각해 본 적이 없었다. 별로 생각할 것이 없는 고생으로 치부했다.

그 책을 읽으면서 그것이 얼마나 큰 축복인지 깨달았다. 그래서 전율을 느꼈다. 나는 그때 그 시간들 때문에 목사가 되었다. 그것도 교회를 체득한(?) 목사가 되었다.

내가 만일 목사가 안 되었다면 어떻게 됐을까? 나는 별로 행복하지 못했을 것 같다. 당연히 나의 특이한 기회(?)도 발휘를 못했을 것이다. 얼마나 감사한가! 모든 것이 하나님의 선물이다.

사랑의 선물 가나안

모세나 이스라엘 백성에게 가나안은 어떤 의미였는가? 하나님의 선물이었다. 가나안 입구에 소개 문구가 붙는다면 '사랑종합선물세트, 가나안'이었을 것이다.

왜 하나님은 가나안을 선물로 주셨을까? 소망하라고 주신 것이다. 바라보라고 주신다.

하나님은 영이시다. 우리의 몸과는 다르다. 그래서 잘못하면 자주 하나님을 잊을 수 있다. 이스라엘 백성이 금송아지 만든 것도 그 때문이다. 그래서 하나님을 느끼도록 약속의 땅, 가나안을 주신 것이다.

어떤 아빠가 해외에 장기 출장을 가셨다. 가기 전에 어린 아들과 사진을 찍었다. 돌아올 때 아이가 좋아하는 게임기, 닌텐도 신형을 사준다고 약속했다. 정말 거금을 들여서 사줄 계획이었다.

왜 그런 약속을 했겠는가? 아빠를 생각하라는 것이다. 돌아오는 날을 학수고대하도록 선물 약속을 한 것이다.

하나님도 마찬가지다. 백성들에게 젖과 꿀이 흐르는 땅을 주신다고 약속하셨다. 아직 손에 쥐어주지 않았지만 곧 주신다고 말씀하셨다. 가나안을 소망하며 하나님을 생각하라는 의도다. 실제로 이스라엘 백성들은 가나안을 학수고대했다. 그리고 그 약속의 땅을 주신 하나님을 같이 생각했다.

사람은 목적이 있을 때 움직일 힘도 얻는다. 왜 하나님은 우리에게 믿음, 소망, 사랑을 주시는가? 모두 필요하기 때문이다. 특히 소망은 바라보는 것이다. 하나님은 의도적으로 광야 길에서 가나안을 소망하게 하셨다. 그 바라봄을 통해서 영안을 뜨게 하신 것이다. 그래서 가나안은 천국의 모형이다.

가나안은 천국?

가나안이 천국을 상징하지 않는다고 주장하는 분들이 있다. 일리 있는 말이다. 왜냐하면 가나안이 천국이라면 이스라엘 백성이 그곳에 입성할 때부터 두 손에 창과 칼이 없어야 했다. 그러나 그들은 허구한 날 싸웠다.

여호수아서를 보라. 전반부는 전쟁 이야기다. 후반부는 전쟁의 전리품 분배 이야기다. 다 전쟁 이야기다. 물론 여호수아의 고별설교가 두 장에 걸쳐 있기는 하다. 그러나 그것도 전쟁 후 이방민족을 근절하라는 내용이다. 천국이 아니다.

그러나 광야에서 바라봄의 소망으로 주셨다는 면에서 천국 모형이 맞다. 흔히 광야 같은 세상이라 하지 않는가! 비록 부분적이고 제한적이지만 가나안은 천국 소망과 연관이 있는 것은 사실이다.

아버지가 돌아가셨을 때, 우리 어머니가 가장 많이 부른 찬양은 "날빛 보다 더 밝은 천국"이다. 이 찬양을 들으면 아버지가 생각난다. 이 노래의 가사는 이렇다.

"며칠 후 며칠 후 요단강 건너가 만나리. 며칠 후 며칠 후 요단강 건너가 만나리."

요단강 건너면 가나안이다. 즉 가나안이 천국 모형이 된다는 것이다. 훌륭한 은유이다. 하나님은 이스라엘 백성에게 가나안을 주셨다. 선물이다. 우리에게도 천국을 역시 선물로 주셨다. 우리를 사랑하셔서 신부로 여기신다. 가장 좋은 신부의 선물을 준비하신 것이다.

그래서 천국은 종종 목적이 된다. 전도할 때 흔한 문구가 "예수 믿고 천국 가세요."이다. 천국 소망이 중요하다.

그러나 가끔 주객이 전도된다. 천국 가기 위해서 예수님을 믿는 것이다. 예수님의 자녀가 되었으니, 천국을 선물로 받은 것이 맞다.

이스라엘 백성도 이러한 실수를 했다. 그래서 가나안에 입맛 다시다가 하나님을 뒤로 한다. 빨리 가고 싶어서 지연하시는 하나님을 원망한다. 하나님은 사랑하셔서 선물로 주신 것인데 그것 때문에 하나님을 잊으니 찜찜하시다.

위의 예로 들었던 아빠가 귀국해서 정말 닌텐도를 사주었다. 아들은 너무 좋아했다. 그런데 아이는 아빠에게 인사만하고 곧 본체만체한다. 그 게임기에 쏙 빠졌기 때문이다. 하루만 그런 것이 아니라 며칠이 지나도 게임기만 본다. 그렇다면 아빠는 섭섭하다.

하나님도 우리 아버지시다. 선물로 준 약속의 땅 때문에 시끄럽다면 무척 섭섭하시다. 신명기 초반의 상황이 꼭 그렇지 아니한가!

여호와께서 너희의 말소리를 들으시고 노하사 맹세하여 가라사대

이 악한 세대 사람들 중에는 내가 그들의 열조에게 주기로 맹세한 좋은 땅을 볼 자가 하나도 없으리라

오직 여분네의 아들 갈렙은 온전히 여호와를 순종하였은즉 그는 그것을 볼것이요 그가 밟은 땅을 내가 그와 그의 자손에게 주리라 하시고

여호와께서 너희의 연고로 내게도 진노하사 가라사대 너도 그리로 들어가지 못하리라

너의 종자 눈의 아들 여호수아는 그리로 들어갈 것이니 너는 그를 담대케 하라 그가 이스라엘에게 그 땅을 기업으로 얻게 하리라

또 너희가 사로 잡히리라 하던 너희의 아이들과 당일에 선악을 분변치 못하던 너희 자녀들 그들은 그리로 들어갈 것이라 내가 그 땅을 그들에게 주어 산업이 되게 하리라

너희는 회정하여 홍해 길로 하여 광야로 들어갈지니라 하시매

너희가 대답하여 내게 이르기를 우리가 여호와께 범죄하였사오니 우리 하나님께서 우리에게 명하신 대로 우리가 올라 가서 싸우리이다 하고 너희가 각각 병기를 띠고 경솔히 산지로 올라가려 할 때에

여호와께서 내게 이르시되 너는 그들에게 이르기를 너희는 올라가지 말라 싸우지도 말라 내가 너희 중에 있지 아니하니 너희가 대적에게 패할까 하노라 하셨다 하라 하시기로

내가 너희에게 고하였으나 너희가 듣지 아니하고 여호와의 명을 거역하고 천지히 신지로 올라가매

그 산지에 거하는 아모리 족속이 너희를 마주 나와서 벌떼같이 너희를 쫓아 세일신에시 처시 호르마까지 미친지라

너희가 돌아와서 여호와 앞에서 통곡하나 여호와께서 너희의 소리를 듣지 아니하시며 너희에게 귀를 기울이지 아니하셨으므로

너희가 가데스에 여러 날 동안 거하였었나니 곧 너희가 그 곳에 거하던 날 수대로니라(신 1:34~46).

이스라엘 사람들은 약속의 땅 때문에 발을 동동 구른다. 주시겠다고 약속하신 그 땅을 정복하기가 힘들어 보이기 때문이다. 열 명의 정탐꾼에 의하면, 가나안에 사는 아말렉 족속은 어마어마한 적군이다.

비교하면 이스라엘 군대는 메뚜기 같다. 부정적인 보고 때문에 하나님을 원망한다. 모세에게 이를 간다. 하나님이 주신다고 약속했으니까 분명히 주신다. 하나님이시기 때문이다. 분명히 정복할 수 있다는 여호수아와 갈렙의 말에도 못 믿겠다고 손사래를 친다. 얼마나 화가 나시겠는가!

가나안은 선물이다. 하나님이 주신 사랑의 선물이다. 그것 때문에 난리를 피우니 얼마나 한심한가!

아이에게 게임기를 선물한 그 아버지는 아이 교육상 닌텐도를 숨겨야 했다. 아빠랑 놀고 나중에 준다고 약속을 한다. 그런데도 아이는 밥도 안 먹고 울고불고 난리를 친다. 한두 번도 아니고 계속 그런다. 당연히 잘못된 것이다. 그러면 회초리라도 맞아 버릇을 고쳐야 한다.

하나님이 없는 가나안은 무슨 소용이 있겠는가? 하나님 없는 천

국은 이미 천국이 아니다. 하나님은 그래서 회군을 명하신다. 하나님과 더 깊게 사귄 후에 가나안을 주시겠다는 것이다. 가나안을 나중에 주시겠다는 것이다. 그래서 40년 광야생활을 했다.

가나안은 찬국?

만일 육안만을 가지고 가나안에 입성한다면 어떻게 될까? 분명 가나안은 찬국, 찬밥일 것이다.

겨울 날 찬국에 찬밥 말아 먹은 적이 있다. 먹기 싫다. 나처럼 추위를 잘 타는 사람은 더 그렇다. 배고파서 어쩔 수 없이 들이키는 것이다.

솔직히 가나안은 젖과 꿀이 흐르는 곳이 아니다. 육안으로 보면 그렇다. 나일 강 삼각주가 주는 애굽의 풍요와 비교할 수 없다. 실제로 가나안에 흉년들어 여러 번 애굽으로 피난가지 않았는가! 육안으로 지상 천국은 애굽이다. 가나안은 찬국이다.

네가 우리를 젖과 꿀이 흐르는 땅에서 이끌어 내어 광야에서 죽이려 함이 어찌 작은 일이기에 오히려 스스로 우리 위에 왕이 되려 하느냐(민 16:13).

모세를 반역한 고라도 할 말이 있었다. 육안으로 보면 애굽이 젖과 꿀이 흐른 땅이었기 때문이다. 이것은 이스라엘의 많은 사람들이 그렇게 생각했다. 그것을 고라가 대변한 것이다. 육안으로 보면 그렇다. 그러나 영안으로 보면 가나안이 천국이다.

그러므로 너희는 내가 오늘날 너희에게 명하는 모든 명령을 지키라 그리하면 너희가 강성할 것이요 너희가 건너가서 얻을 땅에 들어가서 그것을 얻을 것이며

또 여호와께서 너희의 열조에게 맹세하사 그와 그 후손에게 주리라고 하신 땅 곧 젖과 꿀이 흐르는 땅에서 너희의 날이 장구하리라(신 11:8~9).

모세는 가나안이 젖과 꿀이 흐른다고 강조했다. 그러나 잊지 말 것은 단서가 있다는 사실이다. 하나님의 모든 명령을 지킬 때만 '젖과 꿀이 흐르는' 땅이 된다. 만일 그렇지 않으면 '적과 꾼이 흐르는' 땅이 된다.

실제로 사사기를 보면 하나님을 잊은 가나안 땅에는 적과 꾼(사기꾼, 도적꾼)이 많았다. 그래서 하나님을 바라보는 것이 제일이다. 이것 때문에 광야에 그토록 오랫동안 있었는데 그것이 안 되니 통탄할 노릇이다. 그러나 실상은 우리도 그렇지 않은가!

가나안 소망이 주는 견고함

다시 정리하자. 가나안은 선물이다. 하나님의 사랑을 확인하는

선물이다. 따라서 가나안 소망은 견고한 진군을 독촉한다. 영안으로 보면 가나안은 하나님을 섬기며 감사가 가득한 자유의 땅이다. 약속의 선물이니 반드시 주어진다. 힘이 생기지 않을 수 없다.

가나안 소망을 보며 우리의 처지를 생각지 않을 수 없다. 천국의 소망이 있지 않은가! 교회는 눈 좋은 사람들이 필요하다. 천국을 바라보고 이 땅 일에 기죽지 않는 성도들이다. 어마어마한 천국이다. 나뭇잎 하나로 만국을 소성케 한다. 크기도 크지만 화려함도 대단하다. 그 천국을 소망하면 어찌 엔돌핀이 돌지 않으랴!

더 대단한 것은 그런 선물을 마련하신 하나님이다. 천국 때문에 하나님을 믿어도 관계없다. 그러나 천국을 통해서 하나님을 바라봐야 한다. 꼭 그래야 한다. 그것이 바라봄의 기본이다. 그것이 천국 소망을 주신 이유이다!

사랑은 바라보는 것

주안교회의 부교역자 생활을 하면서 몇 년 동안 담임목사님의 사모님이 누구신지 몰랐다. 교회가 크기 때문이기도 했지만 그만큼 사모님이 모습을 감추셨니 보다. 전임 전도사가 되어서 처음으로 뵈었다. 부목사가 되어서 가끔 뵌다. 미인이시다. 애교도 많으시다.

나는 두 분의 사적인 대화가 궁금했다. 친밀감이 어느 정도인지 알고 싶었다. 담임목사님이 무뚝뚝하지 않을까 생각했다. 평소에 별로 말이 없는 분이시기 때문이다.

그러다가 담임목사님 해외 집회를 따라 갈 기회가 있었다. 사모님도 같이 가셨다. 몇 주 동안 담임목사님 내외분과 자주 식사 동석을 했다. 영광이었다.

생각대로 담임목사님은 그렇게 말을 많이 하시지는 않았다. 다만 사모님이 말씀하실 때 그윽하게 주시하셨다. 만면에 미소를 띠고 바라보셨다. 자주 그러셨다.

나는 그 때 알았다. 얼마나 목사님이 사모님을 사랑하시는 지를! 물론 사모님도 예외는 아니셨다. 두 분은 서로를 사랑하신다. 눈빛이 그것을 말해 주었다.

사랑은 바라보는 것이다. 하나님은 우리를 주시하신다. 눈여겨보신다. 그윽하게 보신다. 짙은 애정이다. 우리는 주님을 응시한다. 가만히 바라본다. 곰곰이 우러른다. 깊은 공경이다. 사랑하면 바라보게 된다.

모세는 말년에 상처 받을 뻔했다. 그토록 원했던 가나안 입성이 일언지하에 거절당했기 때문이다. 그러나 풀 죽지 않았다. 성내지 않았다. 아무 요동도 없었다. 왜? 하나님만 바라보기 때문이다. 그래서 가나안이 문제되지 않았다. 지금 주님을 보고 있는데, 가나안 입성은 그렇게 의미가 없다. 물론 40년 동안 품은 가나안 정복이다. 그러나 그것이 주님에 비하면 너무 하찮기에 미동도 없었다.

바울도 그랬다. 자신의 병 때문에 기도했지만 치유되지 않았다.

세 번이나 간절히 기도했는데 거절당했다. 하나님은 네 은혜가 족하다고 말씀하셨다. 바울은 고개를 끄떡였다. 진짜 은혜가 족했다. 바울은 주님만 바라보는 사랑이 있었다. 그의 눈에는 오직 주님만 보였다. 그것이 은혜가 족한 것이다. 주여, 주님만 보이는 영안을 주소서!

그건 사랑이었다

하나님이 우리에게 하늘 소망을 주심도, 자녀 되게 하심도 사랑이었다. 이제는 우리가 그분이 원하는 사랑을 돌려 드릴 차례다. 바로 하나님을 바라보는 것이다. 똑바로 쳐다보는 것이다. 이때에만 목이 곧은 백성(?)이 돼야 한다. 두리번거리지 말아야 한다. 마음을 다하고 성품을 다하고 뜻을 다하여 그렇게 해야 한다. 그것을 하나님 사랑으로 여기신다.

한 시대를 크게 사용한 사람들은 목이 곧은 사람들이다. 다른 데 보지 않는 사람들이다. 하나님을 바라본다는 것은 피상적이 아니다. 아주 구체적이다.

먼저 영안이 열려야 한다. 영안이 열리려면 어떻게 해야 하는가? 삼삼삼(333)해야 한다.

3초짜리는 항상 거부한다.

3분짜리는 종종 거부한다.

3시간으로 매일 거부巨富 된다.

위에서 거론한 333법칙의 실천편이다. 매사를 하나님과 연관하여 생각 하면 주님이 보인다. 천국 소망을 갖는다.

| 주안교회는 사랑의 교회

주안교회는 하나님만 바라보는 사람이 제법 많다. 그런 분들을 쉽게 만나는 것이 특권이요 기쁨이다.

나겸일 담임목사님이 그 중에서도 빼어나시다. 이미 간암의 사형 선고를 이기신 분이라 당연하다. 지금도 주안의 60여 명의 목회자들 가운데서 활동량은 제일 많을 것이다.

제일 적어야 할 분이 그렇다. 해외 집회 다녀오셔서 바로 주일 설교에 올라가신다. 그 다음 월요일부터 또 부흥회다.

나는 결혼 예식부를 2년 담당했다. 소위 담임목사님 주례 담당 목사다. 물론 교구 부목사로 섬기면서 이 일도 전담한 것이다. 거의 매주 토요일마다 두 번의 교회 예식이 잡힌다. 오후 1시와 2시다.

한 번은 목사님이 해외 집회 후 바로 예식 예배처로 달려 오셨다. 그 바쁜 와중에도 한 집사님의 개업식 요청이 있었다. 목사님은 거절하지 않으셨다. 두 번의 예식 후 곧 바로 개업예배를 가셨다. 매주가 이런 식이었다.

내가 볼 때는 매주 살인적인 스케줄이다. 부목사들이 따라 갈 수 없는, 동적인 목사님이시다. 이렇게 하실 수 있는 것은 목사님의 바라봄 사랑 때문이다. 하나님께 집중했으므로 이런 활동을 소화하시는 것이다. 죽으면 죽으리라 각오하며 사시는 것이다.

그 대신 다른 활동의 집중은 없으셨다. 모든 친인척의 대소사에 참석 불가이시다. 어머니의 장례식에도 해외 집회중이라 참석 못하셨다. 그분의 인생 이야기는 책 제목대로 "생명을 건 목회이야기"가 맞다.

한 번은 사모님이 목사님에 대하여 말씀하시는 것을 들었다. 이미 어떤 장로님이 그렇게 활동하시는데 건강이 괜찮으신지 질문한 터였다. 목사님은 부흥회 안 가면 아프시다는 것이다. 하나님 말씀을 증거해야 강건하다는 대답이셨다. 그런 분이시다.

목사님을 닮아서일까? 교인들 중에도 그렇게 사시는 분들이 많다.

강채희 권사님은 남편이 당뇨 합병증이 왔다. 그래서 두 다리까지 잘랐다. 장애인이 되었다. 엎친 데 덮친 격으로 외아들은 자살시도로 몸이 망가져 역시 장애인이 되었다. 정신분열증까지 있었다. 그때 주인교회에 등록했다.

내가 처음 그분을 만났을 때도 너무나 어려운 환경이었다. 그러나 정직 교구장인 나는 그 정도로 어려운지 몰랐다. 그분의 활달함에 그냥 경제적인 어려움이 조금 있는 것으로 생각했다.

모든 사실은 첫 대심방 이후 알게 되었다. 그리고 그분의 간증을 들었다. 교회에 등록한 후 모든 공예배에 참석했다. 새벽기도를 다녔다. 그렇게 안 다니면 미칠 것 같았기 때문이었다.

기도했다. 남편과 아들을 위해서 간구했다.

서서히 그분의 마음이 회복되었다.

영접하고 주님만 바라보기로 작정했다.

남편과 아들도 세상을 비관하는 것이 아니라 주님을 바라보기 시작했다.

그 간증을 들은 후 남편과 아들을 위해서 같이 간절히 기도했다. 그 해 그 권사님은 우리 교구의 전도왕이 되었다.

그런데 희한한 것은 그분이 모셔온 사람은 정상적인 사람이 별로 없었다. 알코올 중독자, 이혼녀, 깨어질 대로 깨어진 가정의 가장 등등.

내가 그 교구에 있었던 2년 내내 그랬다.

그 후에도 쭉 그러셨다. 지금껏 그런 역사를 이룬다.

이 분은 기도하시다가 감동이 되면 무조건 들어간다. 가게가 되었건, 가정집이 되었건 상관이 없다. 싫어하는 빛이 역력한 주인에게 다짜고짜 자기 집 이야기를 한다. 남편과 아들이야기다.

자기는 예수 안 믿으면 벌써 절망으로 죽었을 것이라고 간증한다. 그 가정사를 듣고 감동 안 받을 사람이 없다. 얼마나 씩씩하고 활달한지 전도 그물에 안 걸려들 수 없다.

그분의 남편은 이미 별세하셨다. 불안한(?) 아들과 사신다. 여전히 전도왕이다. 세상 사람들은 그런 미망인을 무시한다.

그러나 우리는 존경한다.

그분의 고정된 시선 때문이다.

오직 하나님만 담고 있는 눈망울 때문이다.

그런 사람들로 이 땅은 하나님을 안다.

나오는 글

| 주 안으로 진군하라!

하나님은 쉴 틈 없이 움직이신다. 우리가 지난밤에 단잠을 잘 때도 하나님은 주무시지 않는다. 우리를 지켜 주신다. 우주를 돌봐 주신다. 그렇게 움직이시기 때문에 내 심장이 움직이고 해와 달이 움직인다. 쉴 틈 없이 움직이시는 것이 우리 하나님이시다.

이 땅에 계셨을 동안 예수님 역시 그냥 계신 법이 없으셨다. 언제든지 몸을 움직이셨다. 병자를 고치고 전도하셨다. 기도하셨다. 밤을 새서 움직이셨다.

왜 폭풍 치는 배 위에서조차 주무셨을까? 피곤하셨기 때문이다. 왕성한 활동 때문에 피곤하신 것이다. 예수님은 승천하신 지금도 움직이신다.

무엇을 하실까? 우리의 처소를 마련하신다. 건축자이시다.

내 아버지 집에 거할 곳이 많도다 그렇지 않으면 너희에게 일렀으리라 내가 너희를 위하여 처소를 예비하러 가노니 가서 너희를 위하여 처소를 예비하면 내가 다시 와서 너희를 내게로 영접하여 나 있는 곳에 너희도 있게 하리라(요 14: 2–3).

주님의 몸 된 교회도 움직여야 한다. 목숨 걸고 움직여야 한다. 주님처럼 움직여야 한다. 그렇게 움직이는 목적이 무엇일까?

첫째는, 즐거운 교회가 되기 위해서이다.

창세기에서 가져온 '만듦' 이라는 움직임으로 다섯 기둥을 세운다. 그러면 즐거운 교회가 된다.

다섯 기둥은 무엇인가? 동행이다. 노아의 동행이다.

특이한 순종이다. 아브라함을 통해서 알 수 있다.

조연 인생, 조연 교회가 가진 화평이다.

이삭을 살펴보면 이해된다.

그리고 야곱의 일생을 가르는 선명한 은혜이다.

마지막으로 요셉의 명성이다.

이것들을 만들려고 노력하고 땀을 흘리면 즐거운 교회가 된다.

둘째는, 탁월한 교회가 되기 위해서이다.

출애굽기에서 가져온 움직임, '나아감' 이 중요하다.

어디로 나아가야 할까? 먼저 주님 품이다.

출애굽기의 진군의 장소는 가나안이 아니다. 시내산이다.

왜 거기일까? 하나님과의 깊은 교제 때문이다. 그것이 우선이다.

그 이후에 나아갈 이 목적지는 타한 사람들이다. 그들을 품을 때 교회는 탁월한 교회가 된다.

셋째로, 믿음의 교회가 되기 위해서이다.

레위기에서 취한 움직임, '가져옴' 으로 활동해야 한다. 성물, 성인, 그리고 성혈을 가져와야 한다. 그것이 예배의 필수이다. 그 삼성을 가져온 예배가 참 예배이다. 그러한 예배를 통하여 믿음은 성장한다. 믿음의 교회는 그것을 의미한다. 믿음은 예배의 열매이기 때문이다.

넷째로, 내일의 교회가 되기 위해서이다.

민수기에서 취한 움직임, '가져줌' 으로 완성된다. 신앙으로 다음 세대에게 가져다주는 것을 의미한다.

신앙 전수는 하나님의 가장 큰 관심사이다. 다음 세대가 굿세대가 되도록 신앙을 바르게 가져주어야 한다. 내일의 교회는 신앙 전수가 잘 되는 교회를 일컫는다.

마지막으로, 사랑의 교회가 되기 위해서이다.

신명기에서 '바라봄' 이라는 활동을 취했다. 힘쓰고 애써야 바라볼 수 있다. 모세는 하나님을 철저히 바라본 사람이다. 그런 사람이 하나님을 사랑하는 자이다. 바라봄이 사랑이기 때문이다. 광야 같은 세상에서 주님 바라보는 것이 가장 귀하다.

주안교회를 대표하는 키워드는 '역동성' 이다. 쉼 없이 움직인다. 이런 움직임이 유익하다. 위에서 이야기한 다섯 교회를 만드는 원동력이기 때문이다. 목사님과 장로님들 그리고 온 교회 성도들이 함께 움직인다. 그분들 때문에 탁월한 교회다.

주님은 처소를 예비하는 건축가이시다. 성도 또한 주님처럼 건축가이다. 이 다섯 교회로 만들어가는 건축가이다. 교회의 모든 활동은 이 다섯 교회를 만드는 활동과 연관되면 좋겠다.

이것이 주 안으로 향하는 동선들이기 때문이다. 모두 한 선으로 수렴된다. '하나님께 영광' 이라는 동선이다. 이 큰 동선은 진군의 흐름이다. 다름 아닌 주 안으로의 진군이다. '들어가는 글' 에서 언급한 개미들이 먹이를 가지고 황급히 집으로 향하는 직선과 같다.

주 밖으로 약진하라!

주 안으로 진군하여 주님과 사랑의 관계가 회복되면 새로운 목적지를 주신다. 주 밖이다. 가나안 소망을 붙잡듯이, 주 밖 영혼들에 대한 소망을 붙잡는다.

한 사할린 할아버지의 장례예배를 집례했다.

몇 년 전, 고국이 그리워 먼 사할린을 버리고 영구 귀국한 분이다. 이미 한국인 국적을 취득하셨는데, 한국 사람에게는 한국인이 아니다. 오히려 외국인에 가깝다. 반짝 관심이 있었지만, 사회적으로 홀대 받는다.

이런 어려움이 있는 분들이 의외로 참 많다. 북한의 탈북자인 새

터민도 아직 한국인 소리를 못 듣는다.

우리 사회는 관심과 배려가 절실한 소수가 있다. 교회가 품어야 한다. 사회사업을 해야 한다는 주장이 아니다. 적어도 그들이 있다는 사실을 잊지 말아야 한다. 기도해 주어야 한다.

사실 우리 사회의 다수도 불쌍한 사람들이다. 돈 있다고, 학식 있다고 큰 소리 치지만 영혼이 공허하다. 가난해도 너무 가난하다. 그래서 국회 의사당에서도 고성이 끊이지 않는 것이다. 배고프면 시끄럽게 되어있다. 영혼이 가난하면 더 난리를 친다. 불쌍하다.

주님은 촉촉한 눈으로 세상을 보신다. 우리도 그 눈으로 봐야 하지 않을까? 우리마저 눈에 각을 세우면 안 될 것이다. 주님이 대신 죽은 십자가 보혈이 필요한 사람들이 지천에 널려 있기 때문이다. 세상으로 약진해야 될 이유다. 하나님 사랑으로 못할 것이 없다.

세상은 색안경을 끼고 봐야 한다. 하나님 표라 각인된 선글라스면 좋겠다. 모세는 이 안경을 끼고 종횡무진 광야를 다녔다. 못 건너갈 가나안을 보았다. 따라서 원망도 없고 불평도 없었다. 사랑만 있었다.

이것이 우리의 결론이다. 이것이 이 책의 결론이기도 하다.

오, 주여 주님만 보게 하소서!

주님 애정으로 이 땅을 품게 하소서!

그것이 역동적인 교회의 몸부림이 되도록 하옵소서!